Heidegger et la pensée arabe

Collection
« PENSÉE RELIGIEUSE ET PHILOSOPHIQUE ARABE »
dirigée par Antoine Fleyfel

Cette collection est un espace de réflexion qui traite des problématiques religieuses et philosophiques majeures du monde arabe contemporain. Elle considère que la complexité de ces questions suppose, pour leur compréhension, un abord critique qui s'appuie volontiers sur une interdisciplinarité nécessaire pour une meilleure intelligence des mutations humaines actuelles.

Cette collection publie des études qui ont comme objet le monde arabe, dans toutes ses constituantes culturelles, religieuses, politiques et sociales, ou des œuvres écrites par des penseurs arabes qui réfléchissent le monde à partir de leurs acquis contextuels.

Ne voulant être limitée par aucune école de pensée mais favorisant la réforme et le renouveau, cette collection mise sur la valeur scientifique et sur l'originalité des œuvres qu'elle publie, sur les ouvertures d'horizons proposées et sur l'échange interculturel pouvant être occasionné.

Dernières parutions

2-Paul KHOURY, *Islam et christianisme*, 2011.
1-Antoine FLEYFEL, *La théologie contextuelle arabe. Modèle libanais*, 2011.

5-7, rue de l'École-Polytechnique ; 75005 Paris

http://www.librairieharmattan.com
diffusion.harmattan@wanadoo.fr
harmattan1@wanadoo.fr

ISBN : 978-2-296-56246-2
EAN : 9782296562462

Mouchir Aoun

Heidegger et la pensée arabe

L'HARMATTAN

Du même auteur

1. Philosophie

La polis heideggerienne, lieu de réconciliation de l'être et du politique, Altenberge (Allemagne), Oros Verlag, 1996 (épuisé).

Frédéric Gentz : De la paix perpétuelle, Thesaurus de philosophie du droit, Centre de philosophie du droit, Paris, Vrin, 1997.

Philosophie et religion. Études sur l'athéisme contemporain, Beyrouth, Dâr Al-Hâdi, 2003.

Herméneutique philosophique. Histoire occidentale des théories de l'interprétation, Beyrouth, Librairie Orientale, 2004.

Politique et université, Jounieh (Liban), Publications de l'Université Saint-Esprit de Kaslik, 2007.

Heidegger et la pensée arabe, Paris, L'Harmattan, 2011.

Une pensée arabe humaniste contemporaine. Paul Khoury et les promesses de l'incomplétude humaine (en préparation).

2. Sciences des religions

Christianisme et Islam. Étude comparée des concepts fondamentaux, Jounieh (Liban), Éditions Saint-Paul, 1997.

Dialogue islamo-chrétien. Contributions à la réciprocité interculturelle, Jounieh (Liban), Éditions Saint-Paul, 1997.

Les fondements de la pensée chrétienne, Jounieh (Liban), Éditions Saint-Paul, (en collaboration avec Adel-Theodor Khoury ; t. I : 2000 ; t. II : 2002).

Le christianisme à l'aube du troisième millénaire. L'essence du christianisme et ses paradoxes, (en collaboration avec Cyrille Bustros), Jounieh (Liban), Éditions Saint-Paul, 2001.

Fondements du dialogue islamo-chrétien, Beyrouth, Publications de l'Université Saint-Joseph, Librairie Orientale, 2003.

L'épreuve de la foi. Relectures critiques de la pensée chrétienne, Beyrouth, Librairie Orientale, 2005.

La pensée arabe chrétienne. Requêtes d'une réforme d'actualisation, Beyrouth, Dâr Al-Talî'a, 2007.

Religion et politique. La pensée politique chrétienne dans sa structure théorique et sa réalité libanaise, Beyrouth, Éditions An-Nahar, 2008.

La lumière et les lanternes. Le pluralisme religieux à l'épreuve du questionnement, Balamand-Tripoli (Liban), Publications de l'Université de Balamand, 2008.

Le fils et le vicaire. Pour une anthropologie islamo-chrétienne comparée, Jounieh (Liban), Éditions Saint-Paul, 2010.

Avant-propos

Interroger Heidegger en arabe

Martin Heidegger (1889-1976) n'a jamais suscité dans le monde arabe un engouement intellectuel ; il n'a jamais, non plus, exercé une quelconque séduction idéologique. D'aucuns en imputent la raison aux exigences critiques et hétérodoxes de sa requête philosophique. La complexité et la radicalité de sa pensée firent de lui un auteur difficile à cerner dans les limites du pensable arabe actuel. En outre, son éloge de la germanité, conjugué à sa préférence accentuée pour la pensée grecque, surtout dans son versant présocratique, ne pouvait que compromettre son éventuelle influence au sein de l'univers arabe, même à titre posthume. Dans sa relecture de l'héritage postsocratique, il ne devra point s'interdire d'identifier la pensée arabe, surtout à l'heure de sa gloire médiévale, au règne de la métaphysique occidentale. Laquelle métaphysique occulte la vérité de l'être, entendue dans le registre du dernier Heidegger comme une dynamique « destinale » de dévoilement et de voilement des « choses ».

Dans cette brève étude, j'entends montrer que la pensée arabe actuelle, abstraction faite de ses multiples tensions internes, a tout intérêt à reconsidérer l'apport positif de l'entreprise heideggerienne. L'ouverture doit, cependant, s'effectuer sous forme de questionnement[1]. Car il ne s'agit nullement de laisser Heidegger indiquer au monde arabe la voie de son salut, mais plutôt de permettre à la pensée arabe de repérer elle-même dans la pensée de l'être un éventuel potentiel d'inspiration susceptible de rejoindre l'épreuve de la culture arabe dans le creux de sa propre quête historique.

Ici, toutefois, une remarque préalable s'impose. Comme toute pensée humaine, celle de Heidegger n'est pas à l'abri des excès et des imperfections. Prétendre la considérer comme une source

---

1 Selon Heidegger, le sol fondamental de la philosophie est le questionnement. Un questionnement radical qui n'offre aucun salut à la pensée, mais la propulse même vers la dérive (M. Heidegger, *Phänomenologische Interpretationen zu Aristoteles. Einführung in die phänomenologische Forschung*, *GA* 63, Frankfurt, Klostermann, 1985, p. 36-37).

éventuelle d'inspiration de la pensée arabe actuelle ne signifiera donc pas que l'on doit faire taire toutes les critiques qui lui ont été adressées. Sans chercher à discréditer les écrits de ce grand penseur original, une telle affirmation est bien faite pour prémunir le lecteur de toute forme d'éloge légendaire. Heidegger peut être lu sans être pour autant adulé[2]. Même dans une entreprise d'échange et de réciprocité où l'on s'efforce de repérer l'influence salutaire d'une telle pensée, la vigilance reste de mise.

Aussi ne devra-t-on pas s'étonner que la présente recherche fasse cohabiter les deux moments fondamentaux de toute lecture philosophique, à savoir l'évaluation positive et la remise en question critique. Alors que la première partie semble représenter le volet positif dans la mesure où elle convie la pensée arabe à considérer sérieusement la contribution heideggerienne, la seconde s'inscrit à dessein dans un registre de critique visant à confronter cette contribution aux requêtes d'une pensée humaine réellement concrète et éthiquement responsable.

Cependant, la question demeure entière de savoir si l'on peut interroger Heidegger avant de l'avoir intégré et assimilé[3]. Aussi longtemps que l'œuvre de Heidegger n'aura pas été traduite en arabe, c'est-à-dire incorporée à la dynamique de réception « autochtone » de l'oreille arabe, il sera inutile de procéder à une quelconque interrogation philosophique authentique. De manière générale, les êtres humains n'aiment interroger que ce qui s'offre paisiblement au champ audible du pensable autorisé par leur univers culturel. Dans le cas de Heidegger, l'étrangeté de sa démarche jure avec les promesses de son entreprise. Un tel

---

2 Pour une meilleure introduction à la vie et à l'œuvre de Martin Heidegger, l'on peut consulter deux études d'une haute tenue scientifique : H. Ott, *Martin Heidegger. Unterwegs zu einer Biographie,* Frankfurt/New York, Campus, 1990 (trad. fr. J. M. Belœil, *Martin Heidegger. Éléments pour une biographie*, Paris, Payot, 1992) ; O. Pöggeler, *Der Denkweg Martin Heideggers*, Pfüllingen, Nekse, [3]1990 (trad. fr. de la première édition, *La pensée de Heidegger*, Paris, Aubier-Montaigne, 1967).

3 Si « les textes de Heidegger ne sont pas la pensée de Heidegger » (D. Thomä, *Die Zeit des Selbst und die Zeit danach. Zur Kritik der Textgeschichte Martin Heideggers 1910-1976*, Frankfurt, Suhrkamp, 1990, p. 19), il faudra alors s'armer d'une réelle patience pour déchiffrer minutieusement la lente gestation et la longue métamorphose de cette pensée fortement originale.

dépaysement philosophique ne pourra qu'effrayer la raison arabe si profondément enracinée dans le sol natal de son islamité.

Toutefois, quel que soit le jugement qu'on puisse porter sur ce projet d'interrogation, on est autorisé à penser que l'intégration de la pensée heideggerienne dans l'univers de la culture arabe actuelle se laisse justifier dans la condition d'ouverture multipolaire et polymorphe des sociétés arabes contemporaines. Au lieu de vouloir engranger, sans discernement aucun, le plus grand nombre de savoirs techniques et de recettes philosophiques, la pensée arabe se doit de mieux orienter ses investigations. Une « clairière », comme celle ouverte par l'audace de la question ontologique, pourra offrir à la raison philosophique arabe un lieu de conversion et de métamorphose. Lieu qui, selon toute vraisemblance, la confrontera à sa propre vérité.

Grâce à l'impulsion fournie par l'interrogation heideggerienne, la raison arabe saura redéfinir son statut et opter pour une nouvelle perception de son rôle. Grâce à Heidegger, l'on apprend que la raison n'est pas un simple outil cognitif qui régit par sa référence matricielle toute la réalité mesurée ; l'on apprend aussi qu'elle n'est pas, non plus, un dépôt de contenus préétablis qui déterminent la substance de la réalité. Avec Heidegger l'on découvre que la raison n'est autre que la pensée qui s'offre comme le lieu de déploiement de la dynamique historique de l'existence. Laquelle dynamique est l'avènement incessant et imprévisible de la vérité de l'être dans les différents champs de son authenticité temporelle et relationnelle. Si pensée et être sont les deux faces d'une même dynamique de déploiement, c'est que la raison doit permettre à l'être de se dire en toute liberté[4]. D'où le lien plus qu'étroit qui se noue, chez Heidegger, entre vérité et liberté. À cet égard, la raison deviendra le miroir de l'être dans toute la variété de ses reflets.

À la pluralité de l'être correspondra alors la pluralité de la pensée. Si l'être se dit de manière plurielle, il n'y a pas de raison

---

4 En interprétant le *Sophiste* de Platon, Heidegger estime que le *logos*, conçu comme raison et comme discours, ne saurait être le lieu unique et privilégié de la vérité : « Le discours n'est pas le support primaire et unique de la vérité ; il est quelque chose tel que la vérité peut s'y produire, mais pas obligatoirement. Le *logos* n'est pas le site où l'*alêtheuein* est chez lui, en ses terres » (M. Heidegger, *Platon : Sophistes*, *GA* 19, Frankfurt, Klostermann, 1991, p. 181).

que la raison ne se dise, elle aussi, de manière plurielle. Or, à l'époque de la mondialisation et de l'étiolement des identitiés, une telle conception de l'être ne pourra que renforcer les chances d'un salut planétaire[5]. Toutes les cultures, dans la mesure où leurs « raisons » s'appliquent à refléter la diversité inépuisable de la richesse de l'être, sauront inscrire leurs apports dans le registre de la vérité. Laquelle advient discrètement au rythme de la maturation des humains, c'est-à-dire à la mesure de leur disponibilité. Nulle culture n'est à même d'épuiser, en vertu de sa propre rationalité, l'immense richesse de l'être.

Il s'avère donc que l'interrogation est le chemin le plus approprié à la nautre profonde de cette richesse ontologique. Au lieu de s'enquérir, sous forme d'arraisonnement, de la vérité ultime de l'être, il convient mieux de se laisser interroger par les multiples interpellations qui ne cessent d'en émaner discrètement. Si donc l'interrogation est la piété de la pensée, comme l'entend si judicieusement l'auteur de *Sein und Zeit*, le questionnement de la pensée heideggerienne garantira à la pensée arabe actuelle une vitalité critique exceptionnelle.

Parler ainsi de Heidegger et de la pensée heideggerienne, revient à acclimater l'idée phénoménologique dans l'espace culturel du monde arabe actuel. Or, parmi les représentants de la phénoménologie occidentale contemporaine, seul Heidegger semble ne susciter qu'un nombre fort limité de disciples au sein de l'élite intellectuelle arabe. À cela s'ajoute le constat d'indigence dont est affecté le statut de la phénoménologie dans les milieux intellectuels arabes. Aussi cette modeste tentative entend-elle montrer l'intérêt philosophique que pourra revêtir une telle confrontation avec la pensée de l'être. À condition, cependant, qu'une telle phénoménologie soit assortie d'une visée proprement ontologique.

Si, en effet, l'élite philosophique arabe, au Liban et dans les différentes sociétés du monde arabe, a été longtemps subjuguée soit par le marixsme et ses succédanés socialistes, soit par l'existentialisme et ses variations personnalistes, c'est que la

---

5 À l'ère de la globalisation, la pensée de Heidegger, en dépit de toutes les critiques légitimes qu'elle a dû essuyer, continue de susciter un réel intérêt philosophique (voir D. Papenfuss, O. Pöggeler (éd.), *Zur philosophischen Aktualität Heideggers*, Frankfurt, Klostermann, 1990).

conjoncture socio-politique exigeait soit un engagement idéologique capable de remuer les masses et de briser les structures d'injustice, soit un engagement affectif susceptible de préserver l'individu arabe des déboires inévitables et des souffrances intolérables de son époque.

L'engagement en faveur de l'interrogation ontologique permettra ainsi à la raison arabe d'atteindre le double objectif poursuivi conflictuellement par les deux tendances philosophiques susmentionnées. À savoir libérer la société arabe des injustices perpétrées à l'encontre de l'existence historique de l'humain sans pour autant succomber à la tentation de l'idéologie, et affranchir l'âme arabe des dérives et des pathologies dont elle est affreusement accablée sans pour autant s'isoler dans le solipsisme de l'intériorité bienheureuse.

Il ne s'agit donc nullement de banaliser ou d'infirmer la quête de la pensée arabe, mais de la réorienter vers le lieu de son salut. Il s'agit d'apprendre à s'interroger à la lumière de la question de l'être, et d'interroger l'être à la lumière de sa propre interrogation. Dans les deux mouvements d'interrogation, c'est le qualificatif « arabe » qui doit résonner de la manière la plus audible pour permettre au monde arabe d'accueillir authentiquement Heidegger.

L'ouvrage se débite en deux volets : une analyse comparative des structures propres aux deux pensées heideggerienne et arabe (première partie), et une tentative de confrontation des deux anthropologies préconisées par les deux univers de pensée (deuxième partie). Les difficultés théoriques et pratiques posées au chercheur par une telle investigation sont trop apparentes pour qu'on y insiste. De vastes abîmes séparent les deux univers, et les tentatives de rapprochement, quasi absentes, se trouvent lourdement hypothéquées par l'impraticabilité d'une telle voie. Dès lors, l'on doit reconnaître que l'on se trouve ici en présence d'un essai. S'il faut insister sur ce mot, c'est justement pour exprimer le caractère volontairement limité du propos. En termes de résultats et de conclusions, le présent ouvrage n'entend rien promettre. Son seul mérite aura probablement été d'ouvrir la voie à une telle exploration.

Première partie

Martin Heidegger et la problématique de sa réception arabe

Chapitre premier

Considérations préliminaires et précautions méthodologiques

1. Les présupposés du titre

L'intitulé de la première partie appelle une explication. En réalité, il ne s'agit nullement de dépouiller la production philosophique arabe moderne pour y déceler des empreintes ou même des affinités heideggeriennes. Seul un travail d'investigation de grande envergure pourrait repérer l'impact de la pensée heideggerienne sur l'orientation de la pensée arabe contemporaine. La présente recherche s'interdira donc d'étaler l'inventaire de la réception réelle qui a été accordée jusqu'à présent à la pensée de Heidegger.

De prime abord, il importe de noter que les emprunts arabes partiels et saccadés effectués dans le corpus heideggerien ne révèlent guère l'existence d'une réception arabe massive et systématisée. À cet égard, il est de coutume dans l'histoire de la philosophie arabe moderne et contemporaine de citer, à titre d'exemples illustratifs et non exhaustifs, des noms comme Badawî ou Huwaydî pour signaler respectivement l'adoption d'un certain nombre de catégories existentialistes ou l'intégration de quelques analyses linguistiques. Dans son étude sur la pensée arabe, M. Fakhrî[6] considère, à juste titre, que l'existentialisme de Badawî est proche de Heidegger[7]. Dans un souci d'ouverture critique, Y. Huwaydî[8] traite des analyses heideggeriennes de la langue grecque, analyses relatives à la parole et à la pensée.

---

6 M. Fakhrî, *Dirâsât fî-l-fikr al-'arabî* (Études sur la pensée arabe), Beyrouth, 1977, pp. 223-243.

7 Il est curieux de suivre le débat philosophique arabe qui oppose les partisants et les opposants de Badawi. En lecteur avisé et critique, W. Ghâlî, dans son dernier ouvrage (*Qirâ'a fî-l-fikr al-masrî al-mu'âsir*, Lecture de la pensée égyptienne contemporaine, Caire, 2009), dénonce les emprunts dissimulés de Badawî au corpus heideggerien.

8 Y. Huwaydî, *Fî falsafat 'ilm al-mantiq* (Philosophie de la logique), Le Caire, 1972.

Par souci de réserve épistémologique, cette recherche renoncera aussi à la délicate et périlleuse tâche qui consisterait à montrer comment et dans quelle mesure la pensée arabe contemporaine devrait recevoir Heidegger et s'approprier son héritage philosophique. Cependant, si la présente étude ne souhaite proposer aucune réponse affirmative ou négative à la question de savoir s'il est possible, moyennant traduction, transposition, adaptation et conversion, de recevoir authentiquement la pensée heideggerienne dans le monde arabe, elle voudrait, tout au moins, reposer la problématique de la réception et soulever les difficultés relatives à la perception et au traitement de cette problématique.

En déployant les affinités et les divergences qui peuvent se dégager dans le champ commun d'un rapprochement théorique, cette même étude pourrait dès lors, sans se départir de sa réserve initiale, suggérer quelques possibilités thématiques de réception dans le cadre d'un projet philosophique de restauration, de fécondation et de rénovation de la pensée arabe.

2. *L'unité de la pensée*

Plus en creux qu'en relief apparaît dans la problématique de la réception la question de l'unité et de la multiplicité de chacun des deux termes qui véhiculent le rapport de l'influence. En d'autres termes, il est impératif, avant d'entreprendre quoi que ce soit, d'identifier, tant soit peu, les deux pensées en question, la pensée heideggerienne et la pensée arabe, et de révéler la nature des deux mondes dans lesquels les deux pensées sont nées, se sont déployées et ne cessent d'exercer leur impact idéel ou théorique. Or, il est notoire que ces deux pensées et ces deux mondes sont d'une telle diversité et d'une telle complexité qu'il devient de plus en plus difficile de cerner leurs contours extrêmement fluides et d'extraire fidèlement leur substance.

Dans une récente étude sur la réception iranienne de Heidegger, D. Shayegan dénonce la stratégie déformatrice du célèbre heideggerien iranien Ahmad Fardid (1912-1994), fondateur en Iran du groupe des « heideggeriens islamisants ». Le tort d'un tel rapprochement, selon D. Shayegan, est d'avoir voulu occulter les divergences réelles qui séparent les deux univers de pensée musulman et occidental[9]. En réalité, la pensée arabe et la pensée perse se réclament toutes les deux de la vision musulmane du monde. Leur complémentarité dans la promotion d'une telle vision est tellement évidente qu'il devient légitime de citer la réception iranienne comme un modèle de réception musulmane susceptible de se reproduire dans le contexte de la pensée arabe. Toutefois, le propos de cet ouvrage se limite à la réception arabe. Malgré les affinités qui rapprochent les deux pensées arabe et iranienne, les conditions socio-culturelles et les mécanismes d'ouverture qui prévalent dans les deux mondes diffèrent notoirement.

3. La pensée heideggerienne et le conflit des interprétations

S'il est vrai que la pensée humaine demeure rebelle à toute circonscription systématique exhaustive, il ne l'est pas moins que celle de Heidegger se soustrait naturellement à toutes les tentatives de récupération. Il est donc impensable de l'enserrer dans quelques formules ou notions, et ce, en raison de son caractère énigmatique[10] et mouvant et des vastes domaines auxquels elle

---

9 « C'est axé sur cette vision ontologique que Fardid interprétait d'une part, et ceci à sa façon, l'histoire de la philosophie occidentale et, d'autre part, afin d'étayer sa vision et lui trouver des précédents exemplaires dans la mystique de l'islam, puisait soit dans les grands textes du soufisme comme ceux de Ibn Arabi, par exemple, soit s'inspirait largement des poèmes ô tellement paradoxaux de Hafez de Chiraz. On assistait de la sorte à des amalgames ahurissants, à la confusion des genres et des contextes, comme si on effaçait d'un revers de la main les clivages historiques, les ruptures épistémologiques ; ainsi mystique et philosophie se rejoignaient, se contaminaient pour créer Dieu sait quel étrange mélange. Sa manière de penser souffrait d'une double carence : l'identification en chaîne (signalée par R. Aron dans *L'Opium des intellectuels*), puisque Fardid identifiait les notions linguistiques et philosophiques incommensurables les unes avec les autres ; et la critique par extrapolation, c'est-à-dire qu'il appliquait au décryptage de son propre monde, dépaysé, décalé par rapport à l'Occident, des outils conceptuels qui, eux, appartenaient à un tout autre contexte » (D. Shayegan, « Heidegger en Iran », in *Le Portique. Revue de philosophie et de sciences humaines*, 2006, n° 18).

10 Dans les notes préliminaires de son œuvre magistrale *Sein und Zeit*, Heidegger met en garde le lecteur et le prévient de la complexité d'une terminologie qui entend explorer un domaine tombé depuis longtemps dans l'oubli : « Ce que l'expression aura de rude et de 'disgracieux' dans les analyses qui vont suivre peut appeler la remarque suivante : une chose est de rendre compte narrativement de l'*étant*, une autre de saisir l'étant dans

laisse le déploiement de l'être s'élargir et s'appliquer. Déploiement dont elle fait simultanément le souci majeur et le moteur invisible.

À cela s'ajoute la diversité quasi incontournable des interprétations et des commentaires qui, le plus souvent, se transforment en des entreprises de récupération. Et comme la pensée ne survit et ne se prolonge que dans les lectures d'assimilation qui en sont périodiquement élaborées, il n'est plus étonnant de savoir que chaque interprétation infléchit le contenu de la pensée heideggerienne dans le sens qui convient le mieux possible à ses dépendances philosophiques.

4. *Une pensée arabe multiforme*

Sur ce même fond de multiplicité herméneutique se détache, aggravée par la diversité des apports et des allégeances, la situation problématique de la pensée arabe. L'écueil qui guette le chercheur dans ce vaste domaine d'exploration de la pensée arabe n'est autre que celui de l'identification d'un dénominateur commun susceptible de régir toutes les manifestations et réalisations de cette pensée.

Les différentes sources et contributions qui la façonnent, les conflits idéologiques qui la traversent, l'incontournable facteur théologique qui la conditionne incontestablement, tous ces éléments rendent impossible l'émergence d'une pensée arabe unifiée, homogène et harmonieuse. Laquelle offrirait l'allure d'une configuration bien charpentée où se disposeraient, dans un agencement cohérent et logique, les problèmes réels du monde arabe, les modes de raisonnement et d'analyse qui correspondent à la nature même de ces problèmes, et les solutions théoriques et pratiques capables de remédier aux graves lacunes qui

---

son *être*. Pour cette tâche-là, ce ne sont pas seulement les mots qui la plupart du temps manquent mais surtout la 'grammaire'. (...) Là où les forces sont essentiellement moindres et où, de plus, le domaine d'être à découvrir dépasse de beaucoup en difficulté ontologique celui que les Grecs avaient devant eux, il faudra d'autant plus de complexité dans la formation des concepts et la dureté de l'expression augmentera d'autant (M. Heidegger, *Être et temps*, Paris, Gallimard, 1986, p. 66; *Sein und Zeit*, *GA* 2, Frankfurt, Klostermann, 1977, p. 52).

hypothèquent l'épanouissement de l'être humain dans les différentes sociétés qui forment le tissu vivant de ce monde.

Il est donc impératif de se rappeler qu'il existe dans le monde arabe plusieurs pensées arabes qui s'affrontent et s'influencent mutuellement, et qu'il n'est pas rare que ces différentes pensées se posent les unes à l'exclusion des autres. Schématiquement esquissé, le tableau récapitulatif pourrait révéler l'existence ou, mieux encore, la coexistence de trois pensées arabes contemporaines, à savoir la pensée arabe d'obédience exclusivement théologique (la pensée islamique), la pensée arabe d'appartenance laïque, gravitant de préférence dans l'orbite de la pensée occidentale, et la pensée arabe de la conciliation, fidèle à la tradition et ouverte à la modernité.

En d'autres termes, l'on pourrait exprimer cette triple appartenance sous la forme de trois tendances qui affectent la pensée philosophique arabe contemporaine, à savoir la tendance philosophique traditionaliste, de type islamiste, la tendance philosophique moderniste, de type occidental, et la tendance philosophique de conciliation, traduisant probablement une disposition d'ouverture et de souplesse propre à la pensée arabe.

L'on peut dire, en dernière analyse, que ces trois tendances ne sont nullement l'apanage d'une pensée arabe exclusivement philosophique. Bien au contraire, elles peuvent coexister pour la pensée arabe contemporaine aussi bien en philosophie qu'en théologie, aussi bien en poésie qu'en histoire, aussi bien en sociologie qu'en politique. Aussi ne serait-il probablement pas exagéré de s'attendre à l'émergence de trois types de réception pouvant correspondre à ces trois types ou tendances de la pensée arabe.

Dans une étude récente sur le sort, l'impact et les différentes manifestations du rationalisme critique dans la pensée arabe contemporaine[11], Y. Ben 'Adi recense quatre tendances philosophiques majeures. La première tendance consiste à introduire la réforme religieuse dans le processus général de la réforme de la pensée arabe (A. Laroui, M. Al-Haddad). La

11 Y. Ben 'Adî, *As'ilat at-tanwîr wa-l-'aqlâniyya fî-l-fikr al-'arabî al-mu'âṣir* (Les questions de l'Aufklärung et le rationalisme dans la pensée arabe contemporaine), Beyrouth, Al-Dâr Al-'Arabiyya Li-l-'Ulûm, 2009.

deuxième tendance se propose de réinterpréter la pensée musulmane traditionnelle dans le sens d'une nouvelle assimilation critique. Se revendiquant de différents horizons d'appartenance philosophique, les représentants de cette deuxième tendance (M. 'Abed Al-Jâbiri, 'A. Omlil, M. Lahbabi, J. Dîn Al-'Alawî, 'A. Ilâh Balqazîz) entendent critiquer les blocages qui empêchent la tradition musulmane de rallier la rationalité moderne. La troisième tendance, d'extension réduite, vise à explorer le champ de la logique moderne en vue de l'appliquer au processus de systématisation analytique de la raison arabe (A. Y. Al-Marzûqî, T. 'Abderrahmân). La dernière tendance, quant à elle, s'oriente à dessein vers les acquis de l'herméneutique contemporaine et cherche à investir le texte religieux arabe par l'intermédiaire de la nouvelle conceptualité introduite par cette discipline (N. Hâmed Abou Zayd).

Il va sans dire que l'influence de la pensée heideggerienne n'est pas entièrement absente dans cet effort de relecture fourni par la pensée arabe contemporaine. Le retour à la tradition et la réflexion herméneutique peuvent, en effet, être considérés comme les deux lieux privilégiés d'un éventuel impact indirect. Il n'en demeure pas moins que la physionomie de cette pensée est tellement hétéroclite qu'il serait hasardeux de la fixer dans une monture unique.

5. La diversité contextuelle

Outre la variété hétéroclite inhérente à chacune de ces deux pensées, se greffe sur la problématique de la réception la question du monde et du contexte dans lesquels se forment et se déploient et la pensée heideggerienne et la pensée arabe[12]. Il est inutile de signaler l'importance décisive d'une analyse détaillée qui consiste à relever toute la disparité contextuelle qui marque et façonne ces deux pensées.

---

12 En analysant la problématique de l'interaction et de la communication dans la philosophie occidentale contemporaine (*Ichkâliyyat at-tawâṣul fî-l-falsafa al-gharbiyya al-mu'âṣira*, Ad-Dâr Al-Gharbiyya Li-l-Ulûm, 2006), 'Omar Mhaybel propose une grille de lecture inspirée de la philosophie occidentale actuelle, laquelle permet d'acclimater l'idée d'une interculturalité saine et fructueuse. Un chapitre y est consacré à Heidegger et aux ressources que sa pensée est en mesure de fournir.

En effet, le monde occidental moderne et postmoderne dans le sol duquel s'enracine la pensée de Heidegger ne ressemble que très peu au monde arabe actuel au sein duquel s'exerce une pensée soucieuse de la réforme de l'homme et de la société. C'est dire que les problèmes de la pensée occidentale et du monde occidental qui ont déterminé l'élaboration de la pensée heideggerienne diffèrent substantiellement des problèmes qui affectent la pensée et le monde arabes et qui régissent la conception et la construction de la pensée arabe contemporaine. D'un côté une modernité à outrance, de l'autre une modernité en souffrance. Là où l'excès de modernité provoque une réaction de nostalgie et de retour aux sources, la pénurie et la stagnation ne font que radicaliser les volontés d'affranchissement et de réforme.

6. Les disparités terminologiques

D'autre part, - et il est urgent de le signaler -, ces difficultés épistémologiques qui aggravent la problématique de la réception se laissent amplifier par l'adjonction d'ambiguïtés sémantiques relatives à l'univers conceptuel et terminologique de la pensée heideggerienne et de la pensée arabe. Si, par conséquent, les mots ne véhiculent pas la même signification, c'est que l'épreuve de la réalité humaine et sociale se vit autrement. Car l'appropriation de la tradition, la dynamique de l'histoire et l'évolution des rapports sociaux marquent différemment la perception individuelle et collective du réel et engendrent inévitablement une vision du monde particulière et autonome[13].

7. Ouverture et possibilités d'adaptation

Dans le sillage de ces remarques préliminaires, cet exposé ne peut pas faire l'économie d'une interrogation de fond portant sur

---

13 Lors d'un entretien avec un penseur japonais, Heidegger s'interrogea sur les implications réelles qu'entraîne effectivement la divergence sémantique qui sépare l'univers de la pensée européenne et celui de la pensée japonaise: « Si l'homme, par la parole de sa langue, habite dans la requête que l'être lui adresse, alors nous autres Européens, nous habitons, il faut le présumer, une tout autre maison que l'homme d'Extrême-Orient ». (M. Heidegger, « D'un entretien de la parole entre un Japonais et un qui demande », dans *Acheminement vers la parole*, Gallimard, Paris, 1976, p. 90).

la capacité intrinsèque de la pensée heideggerienne à s'ouvrir validement et à s'appliquer pertinemment aux différentes civilisations non européennes ou non occidentales[14]. Si cette pensée ne nourrit pas en elle-même des intentions d'universalité, c'est qu'elle s'entend comme une quête du sens de l'être propre à l'espace restreint de l'expérience européenne de l'existence humaine, expérience initialement déterminée, selon Heidegger, par l'épreuve grecque présocratique.

D'où la nécessité d'un discernement de lucidité quant à l'identification de la nature et de l'ampleur de la réception que la pensée arabe pourrait réserver à Heidegger dans l'espace restreint de sa propre expérience. Il s'agit ultimement de savoir si, interpellée par l'apport heideggerien, la pensée arabe doit se contenter d'opérer des emprunts partiels relatifs au mouvement et à la forme même de la pensée, ou bien si elle peut se permettre de s'approprier des contenus substantiels en état d'achèvement ou de clôture.

8. Une réception arabe tâtonnante

Contrairement aux grandes figures de la pensée occidentale, Heidegger, malgré l'ampleur incontestable de sa pensée, reste relativement méconnu dans le monde arabe. Si l'on doit exclure toute tentation de jérémiade ou de méditation pessimiste sur le sort de la pensée philosophique dans les pays arabes, les raisons de cette ignorance sont multiples : la pauvreté des traductions[15],

---

14 Conscient de la singularité incontournable que véhiculent, à des degrés divers, les civilisations de l'homme dans les différents continents de la terre, Heidegger n'hésite point à mettre en cause la pertinence d'introduire dans la perception japonaise de l'art une discipline comme celle de l'esthétique occidentale: « Le nom, aussi bien que ce qu'il nomme, vient de la pensée européenne, de la philosophie. C'est pourquoi la visée esthétique ne peut, au fond, que rester étrangère à la pensée d'Extrême-Orient ». (Heidegger, « D'un entretien de la parole... », *op. cit.*, p. 88). S'autorisant de ce constat, il en arrive à la conclusion interrogative suivante: « Les Extrêmes-Orientaux ont-ils besoin, ont-ils même avantage à faire la chasse au système conceptuel européen? » (*ibid.*, p. 88).

15 M. Fakhrî (*Dirâsât fî-l-fikr al-'arabî*, *op. cit.*, Beyrouth, 1977, pp. 244-271) déplore l'absence d'un effort arabe soutenu et coordonné pour traduire systématiquement dans leur intégralité les grandes œuvres de la philosophie

l'originalité presque inaccessible de la terminologie heideggerienne, l'excessive abstraction conceptuelle dans les raisonnements et les analyses, l'étrangeté de la cause ou de la visée principale de l'entreprise heideggerienne par rapport aux autres systèmes philosophiques.

En ce qui concerne l'effort de traduction, une préférence d'option commande les initiatives des traducteurs. Lequels privilégient les thèmes heideggeriens qui se rapportent en premier lieu à l'art[16], à la poésie[17], à la langue[18] et à la politique[19]. Autant de lieux qui intéressent directement le lecteur arabe. Tout récemment, une traduction de l'œuvre majeure de Heidegger vient d'être achevée et livrée à la publication[20]. D'autres traductions arabes ont été réalisées[21] ou sont en cours de réalisation. Les thèmes varient en fonction des pôles d'intérêt et des sphères de compétence[22]. Ce

---

occidentale. Mais, depuis lors, un réel effort de traduction vient relever le défi de la prétendue incompatibilité linguistique entre les deux univers.

16 *L'origine de l'œuvre d'art* a été traduit par Abû-l-ʿîd Dûdu. La traduction arabe fut préfacée par H. G. Gadamer (Manchourât Al-Ikhtilâf, 2001).

17 Des extraits de *L'expérience de la pensée* (*Aus der Erfahrung des Denkens*, *GA* 13, Frankfurt, Klostermann, 2002[2]) ont été traduits par le poète libanais Fu'âd Rafka (Dâr Al-Nahâr, Beyrouth, 2004). Fu'âd Kâmel et Mahmûd Rahab ont traduit un recueil de textes heideggeriens, dont une étude sur Hölderlin et l'esence de la poésie (Dâr Al-Thaqâfa, Le Caire, s. d.).

18 La *Lettre sur l'humanisme* (*Über den Humanismus*) a été traduite par Mîna Jalâl (le texte arabe a été publié dans la revue philosophique *Madârât falsafiyya*, n° 6 ; le texte a été reproduit dans la revue électronique des *Cahiers de la Différence*, novembre 2009). ʿAbdelghafâr Mekkâwî a traduit *L'appel de la vérité* (Dâr Ath-Thaqâfa Lit-Tibâʿa Wan-Nachr, Le Caire, 1977). Une autre traduction de la même *Lettre* fut réalisée par ʿAbdelhâdî Meftâh et publiée sur la toile le 21 janvier 2009 (www.jeeran.com).

19 Les *Réponses et questions sur l'histoire et la politique* ont été traduites par Hassûna Al-Mesbâhî (texte diffusé sur la toile le 5 février 2007 : www.doroob.com).

20 Fathî Al-Meskînî livre à la publication une traduction arabe intégrale de *Sein und Zeit* (prochaine parution aux éditions Dâr Al-Kitâb Al-Jadîd, Beyrouth, Liban).

21 Nazîr Aj-Jâhel a traduit *Der Satz vom Grund* (*GA* 10, Frankfurt, Klostermann, 1997). Le texte arabe (*Mabda' Al-ʿIlla*) a été édité par Al-Mu'assasa Al-Jâmiʿiyya Li-l-Dirasât Wan-Nachr, Beyrouth, 2001).

22 Un receuil d'écrits heideggeriens (tels *Vom Wesen der Wahrheit*, *Was ist Metaphysik ?*, *Kunst und Technik*, et d'autres écrits) a été traduit par le spécialiste égyptien de Husserl et Heidegger, le professeur I. Al-Musaddaq, et publié au Caire sous le titre *Al-Kitâbât Al-'Asâsiyya*, (Al-Majlis al-Aʿla li-l-Thaqâfa, 2003). Dans le texte de son introduction, I. Al-Musaddaq reconnaît l'extrême difficulté de « loger Heidegger dans la demeure de la langue arabe ».

que l'on déplore, toutefois, c'est l'absence d'une stratégie concertée et d'une visée globale susceptibles de coordonner l'œuvre de traduction en dégageant les priorités et en créant un lexique arabe audible et cohérent.

Si la rareté des heideggeriens arabes est indéniablement en contraste avec le foisonnement des appartenances philosophiques existentialistes, kantistes, positivistes, marxistes ou personnalistes, c'est que toutes ces écoles philosophiques, en focalisant leurs investigations sur des lieux thématiques susceptibles de rejoindre l'homme arabe dans le creux interrogatif de sa quotidienneté existentielle, ont su stimuler l'intérêt vital du penseur arabe et aiguillonner sa recherche philosophique.

De prime abord, le problème de l'être en tant qu'être, objet de prédilection de la pensée heideggerienne, apparaît comme un luxe philosophique superfétatoire (le serait-il aussi à présent pour les Occidentaux ?). Le manque d'attrait est, en outre, aggravé par l'absence préméditée de toute considération concluante sur les incidences pratiques d'une telle pensée de l'être[23].

L'on peut aussi conjecturer, sans risque d'erreur, que la pensée heideggerienne a rebuté le lecteur arabe par les aspérités de ses approches notionnelles et les subtilités de ses techniques d'enfantement conceptuel, quand bien même elle demeure capable de le séduire par la profondeur de ses vues et la radicalité de ses analyses. À cet égard, il n'est pas superflu de signaler que la langue arabe reste relativement flexible par ses paradigmes terminologiques et notionnels. Une réception fructueuse impliquerait donc un effort soutenu d'innovation et d'adaptation[24].

Loin de vouloir identifier et présenter tous les représentants de l'école heideggerienne arabe, il s'agit tout simplement d'évoquer brièvement quelques noms de renommée académique dans le

23 Cf. le troisième chapitre de la deuxième partie.

24 Dans un entretien enregistré pour Radio France Culture le mercredi 2 juin 1976, l'islamologue Henry Corbin s'efforce de montrer la similitude sémantique qui s'offre entre la terminologie mystique arabo-perse et la terminologie ontologique de Heidegger. À titre d'exemple, des analogies terminologiques peuvent ainsi facilement se nouer entre des termes arabes et leurs correspondants allemands heideggeriens (tels *izhâr* et dévoilement, *zamân kathîf* et temporalité opaque, *'irfân* et révélation mystique de l'être). Cf. le site créé et entretenu sur la toile par l'*Association des amis de Henry et Stella Corbin* (www.amiscorbin.com).

monde arabe. Une première remarque concerne la répartition géographique. Les pays du Maghreb (Maroc, Algérie, Tunisie) offrent une meilleure perméabilité à une telle pensée engagée dans la remise en question de l'héritage métaphysique occidental. Leur rapport direct à la culture française devait en favoriser l'élan. Quant aux pays du Machreq, seuls le Liban et l'Égypte connurent une mince vague d'adhésion. Une seconde remarque touche les compétences linguistiques. Les heideggeriens du Maghreb font preuve d'une réelle assimilation de l'apport heideggerien et du langage philosophique heideggrien, mais leur expression arabe ne se montre pas à la hauteur de la tâche assumée. Les heideggeriens du Machreq, quant à eux, soignent mieux leur expression arabe et possèdent une connaissance solide de la tradition philosophique arabe médiévale et moderne, mais ils présentent des signes de carence en termes de compréhension des enjeux propres à la pensée occidentale et de maîtrise du langage philosophique allemand de Heidegger. Cependant, selon Fathî Al-Meskînî[25], cette discrimination ne se justifie guère, car elle n'affecte que la condition socio-culturelle des deux univers intellectuels, et ne compromet point l'unité de la raison arabe. Raison qui, somme toute, fait partie intégrante de la raison humaine universelle.

Parmi les heideggeriens du Maghreb, l'on peut citer les philosophes marocains 'Abdessalâm Ben 'Abdel'âli[26], 'Abderrazzâq Duwây[27], et Mu<u>h</u>ammad Ach-Chaykh[28]. D'ailleurs la revue philosophique arabe *Cahiers Philosophiques* (*Dafâtir Falsafiyya*), conjointement éditée par 'Abdessalâm Ben 'Abdel'âlî et

25 *Nakd al-'aql at-ta'wîli aw falsafat al-ilâh al-akhîr. Martin Heidegger mina-l-untulûjia al-'asâsiyya 'ilâ târîkh al-wujûd* (Critique de la raison herméneutique ou philosophie du dernier Dieu. Martin Heidegger : de l'ontologie fondamentale à l'histoire de l'être), Markaz Al-'Inmâ' Al-Qawmî, 2005.

26 *Usus al-fikr al-falsafi al-mu'â<u>s</u>ir. Mujawa<u>z</u>at al-metâfî<u>z</u>îqa* (Fondements de la pensée philosophique contemporaine. Le dépassement de la métaphysique), Dâr Tubqâl Lin-Nachr, Casablanca, 1991. Axée sur la confrontation entre tradition et modernité, le même auteur publie une étude comparative intitulée *Heidegger <u>d</u>idd Hegel. At-turâth wal-ikhtilâf* (Heidegger versus Hegel. Tradition et différence), Dâr At-tanwîr lit-tibâ'a, 1985.

27 *Mawt al-insân fî-l-khi<u>t</u>âb al-falsafi al-mu'â<u>s</u>ir. Heidegger, Lévy-Strauss, Foucault* (La mort de l'homme dans le discours philosophique contemporain. Heidegger, Lévy-Strauss, Foucault), Dâr Al-Talî'a, Beyrouth, 1992.

28 *Naqd al-<u>h</u>adâtha fî fikr Heidegger* (Critique de la modernité dans la pensée de Heidegger), Ach-Chabaka al-'Arabiyya lil-Ab<u>h</u>âth wa-l-Nachr, 2008.

Muhammad Sabîla, contribua largement à la découverte de l'œuvre de Heidegger dans le monde arabe. Des Tunisiens comme 'Ali Al-Habîb Al-Frîwî[29], Muhammad Al-Mzûghî et Zuhayr Al-Khwayldî peuvent être tenus pour des connaisseurs sérieux de la philosophie heideggerienne. L'on peut citer également l'algérien Ibrâhîm Ahmad[30] qui s'intéresse à la problématique de l'être et du langage chez Heidegger, et l'algérien Abûl'îd Dûdu qui s'occupe de la perception heideggerienne de l'art et s'adonne à la traduction des écrits qui rejoignent sa propre visée philosophique. Au Liban, des noms moins célèbres, tels Mousa Wehbi[31], 'Alî Harb[32] et Élie Najem[33] entendent s'inspirer de la pensée heideggerienne en orientant leur réflexion dans le sens de ses exigences de déconstruction. En Égypte, la figure de Badawî domina la scène philosophique pendant longtemps. Cependant, une personnalité académique comme celle d'Ismâ'îl Al-Musaddaq se propose d'apporter une nouvelle contribution heideggerienne à la pensée arabe égyptienne. Des traducteurs, tels Fu'âd Kâmel, Mahmûd Rahab et 'Abdelghaffâr Mekkâwî, participent à la diffusion de la pensée heideggerienne en Égypte.

---

29 *Naqd al-'aql al-metâfîzîqî* (Critique de la raison métaphysique), Dâr al-Farâbi, Beyrouth, 2008 ; *Marten Haydegher. Al-fann wa-l-haqîqa* (Martin Heidegger. L'art et la vérité), Dâr al-Fârâbi, Beryouth, 2008.

30 *Ichkaliyyat al-wujûd wat-teqniya. 'Untulujia al-lugha 'inda Heidegger* (Problématique de l'être et de la technique. L'ontologie du langage chez Heidegger), Al-Dâr al-'Arabiyya li-l-'Ulûm, Beyrouth, 2006.

31 Mousa Wehbi s'est surtout illustré par sa traduction de l'œuvre de Kant *Critique de la raison pure*. Mais il s'occupe aussi de la pensée heideggerienne et mène une réflexion critique sur le potentiel sémantique de la langue arabe et sa capacité à recueillir les néologismes quasi rebelles du langage heideggerien.

32 Dans ses écrits provocateurs, 'Alî Harb se réclame plutôt de Derrida. Cependant, il reconnaît sa dette envers Heidegger. À la manière de Heidegger, il interroge le texte arabe philosophique et religieux et dénonce les mécanismes d'auto-occultation que ce dernier élabore pour se prémunir de toute herméneutique innovatrice (voir 'A. Harb, *An-nass wa-l-haqîqa*, Texte et vérité, 3 volumes, Al-Markaz Ath-Thaqâfî Al-'Arabî, Beyrouth, 2000).

33 Élie Najem entend inaugurer une nouvelle manière d'aborder le patrimoine lexical arabe. Sa stratégie herméneutique se revendique ouvertement de Heidegger. Dans les trois tomes de ses approches (*Muqârabât*, Beyrouth, 2002, 2007 et 2010), il traque le vocable arabe et l'interroge sur les liens impensés qui le rattachent, en tant que demeure de l'étantité, à la vérité de son être originel.

Cette brève évocation n'a évidemment rien d'un exposé systématique. Ose-t-on s'aventurer dans cette recherche, on se trouve engagé dans un labyrinthe aux mutliples détours. Il suffit donc de relever un fait particulier, à savoir que cette réception arabe récente ne se décline pas sur un ton d'unanimité. Loin d'unifier la scène philosophique arabe, elle donna lieu à deux tendances antagonistes. D'un côté, les disciples de Heidegger, partisans inconditionnels et fervents défenseurs de sa pensée ; de l'autre, les connaisseurs et spécialistes de Heidegger, qui entendent évaluer sa contribution tout en en critiquant les exagérations et exaltations. Même si la ligne de démarcation demeure imprécise entre les deux camps, l'on peut en reproduire brièvement quelques attitudes typiques.

Selon 'Alî Al-H̲abîb Al-Frîwî, par exemple, les intellectuels arabes auront tout intérêt à s'initier auprès de Heidegger à l'art de la lecture philosophique[34] ; ils doivent, en outre, apprendre à interroger la pensée, avant même de s'empresser à fournir les réponses qui tranchent et étouffent le débat. Fat̲h̲î Al-Meskînî invite la raison arabe à méditer la lecture heideggerienne de l'héritage philosophique occidental. Zuhayr Al-Khwayldî va jusqu'à proposer à la pensée arabe de cheminer avec Heidegger pour repenser l'impensé de la tradition philosophique arabe. Dans une visée apologétique, Mu̲h̲ammad Al-Chaykh rejette les accusations formulées à l'encontre de Heidegger par ceux et celles qui taxent son style de poétique et son souffle de mystique.

Contrairement à ce registre laudatif, tout un concert de voix s'élèvent pour dénoncer chez Heidegger la tautologie de sa pensée, l'ambiguïté de ses catégories et le caractère inopérant de ses conclusions et propositions. Mu̲h̲ammad Al-Mzûghî dénonce l'eurocentrisme heideggerien et la préférence outrancière pour la germanité ; il désapprouve également la manière dont Heidegger dénigre la raison humaine sous prétexte de vouloir accéder à une autre parole de l'être. 'Abderrazzâq Duwây stigmatise le jargon de l'obscurité dans les écrits de Heidegger et déplore son recours obstiné au langage mystifiant de l'indicible et de l'impensé. Dans

---

34 Sa'd Al-Bâzi'î, intellectuel saoudien, déplore l'absence d'une philosophie arabe actuelle et donne raison à Heidegger lorsque ce dernier établit que la philosophie est le propre de la culture européenne.

une optique globale qui dépasse l'évaluation de la pensée heideggerienne, Fat̲h̲î Al-Trîkî[35] constate que la tendance actuelle de la philosophie dans le monde arabe opte pour la pensée a-systématique ; la notion de diversité et de pluralité devient comme le centre d'intérêt autour duquel gravitent les recherches philosophiques. Heidegger peut, dès lors, être considéré comme l'une des sources d'inspiration de cette pensée a-systématique qui séduit nombre de penseurs arabes à l'époque de la postmodernité.

Paralllèlement à ces deux types d'attitudes antagonistes, l'on peut citer la position de ceux et celles qui cherchent à concilier les deux univers arabe et heideggerien en y découvrant des lieux de convergence, voire de complicité souterraine. Deux initiatives méritent d'être mentionnées parmi tant d'autres. Toutes les deux s'efforcent de rapprocher Heidegger du philosophe mystique Ibn 'Arabî (XIIIe siècle). Mu̲h̲ammad Al-Me̲s̲bâ̲h̲î[36] propose de relire Ibn 'Arabî à la lumière de la pensée heideggerienne qui s'enquiert de l'être et de son oubli destinal ; en même temps, il invite les heideggeriens à relire Heidegger à la la lumière de la pensée d'Ibn 'Arabî qui s'arrête sur un autre oubli, à savoir celui de Dieu. Dans leur convergence, les deux oublis stimulent l'indispensable remémoration de la vérité. Charbel Dagher[37] ouvre une voie de comparaison esthétique ; il tente de rapprocher l'esthétique d'Ibn 'Arabî dans son traité intitulé *Al-jalâl wa-l-jamâl* (Splendeur et beauté) de l'esthétique heideggerienne consignée dans *L'origine de l'œuvre d'art*.

Cette diversité des positions philosophiques arabes, sur fond de rivalité intellectuelle, rend possibles les magnétismes et engendre des interprétations divergentes, voire opposées, du même corpus heideggerien. À première vue, l'ensemble de ces recherches montre l'intérêt que Heidegger a pu susciter dans le monde arabe.

---

35 Fat̲h̲î et Rachîda Al-Trîkî, *Falsafat al-̲h̲adâtha* (La philosophie de la modernité), Markaz Al-Inmâ' Al-Qawmî, Beyrouth, 1992.

36 *Ta̲h̲wwulât fî târîkh al-wujûd wa-l-'aql* (Rebondissements dans l'histoire de l'être et de la raison), Dâr Al-Gharb Al-Islâmî, 1994. Voir aussi son étude sur le statut de la raison arabe : *Mina-l-ma'rifa ilâ-l-'aql. Bu̲h̲ûth fî na̲z̲ariyyat al-'aql 'inda-l-'arab* (De la connaissance à la raison. Recherches sur la théorie de la raison chez les Arabes), Beyrouth, Dâr At-Talî'a, 1990.

37 On peut consulter le site de l'auteur dans lequel sont emmagasinés la plupart de ses articles : charbeldagher.elabs.com.lb.

Mais, vu la diversité de la production philosophique arabe actuelle, l'influence heideggerienne ne saurait être mesurée à l'aune de la quantité. En outre, on ignore le volume que peuvent représenter tous les écrits philosophiques arabes contemporains d'inspiration heideggerienne. Ce qui est pourtant sûr, c'est que la pensée de Heidegger a sa propre place dans les milieux philosophiques arabes. Une future recension détaillée et complète pourrait, dès lors, déterminer l'effet réel de cette pensée sur la conscience philosophique arabe contemporaine.

Chapitre deuxième

Essai de comparaison formelle ou structurelle singularités et divergences

1. Sens de la comparaison

La problématique de la réception recèle nombre de défis. L'un des plus ardus en est la possibilité d'une comparaison légitime et soutenable des deux pensées. Mais la comparaison pourrait se justifier en elle-même, indépendamment de toute autre stratégie d'investigation. Toutefois, dès lors que la visée poursuivie dans cette étude se réduit à mieux cerner la question de la réception, il ne semble pas inutile de procéder brièvement à une tentative de comparaison qui, autant que faire se peut, mettra en relief la singularité de chaque pensée et révélera par ricochet les possibilités de pénétration et d'osmose que pourrait receler une éventuelle appropriation arabe de l'acquis heideggerien.

Compte tenu de l'immensité des deux champs auxquels s'applique cette présentation de confrontation, ce serait aller vite en besogne que de proposer un tableau exhaustif des principaux thèmes abordés dans les deux pensées. Plutôt que de commencer par construire des parallèles thématiques, il serait plus prudent, dans un premier temps, de confronter des axes ou des éléments fondamentaux susceptibles d'élucider le sens global et les particularités propres à chaque univers conceptuel.

En d'autres termes, une comparaison formelle des configurations générales et des structures sous-jacentes est un préalable indispensable à la confrontation des deux substances thématiques véhiculées dans les deux pensées. Dans un second temps, la confrontation thématique sera plus à même de fonder ses investigations sur les conclusions de la première analyse structurelle.

2. La cause fondamentale de la pensée

Le premier élément de cette analyse concerne l'objet de la pensée, sa visée fondamentale ou encore son affaire principale.

Dans une première approche globale, l'on peut dire que la pensée arabe, abstraction faite des divergences engendrées par les tendances philosophiques arabes contemporaines déjà mentionnées, est une pensée foncièrement théologique, habitée par la cause divine et traversée par la dialectique de la révélation et de la raison, tandis que la pensée heideggerienne est une pensée fondamentalement ontologique, exclusivement mue par la quête de l'être et concrètement axée sur le rapport de différence et d'affrontement qui lie l'être et l'étant dans l'avènement d'une donation originaire non-métaphysique que Heidegger s'interdit de nommer[38].

Concernant la pensée arabe, il convient de souligner la place prépondérante qui est réservée à la religion : « L'islam est au cœur du problème arabe. À cela rien d'étonnant, dès lors que la société arabe est foncièrement marquée par l'islam, et que d'autre part l'islam englobe par nature toutes les dimensions spirituelles et temporelles de la vie humaine individuelle et collective, marquant d'un caractère religieux aussi bien les actes cultuels que les activités culturelles : la société islamique est une société religieuse. Et c'est en cela que se situe le problème de l'islam pour les musulmans et pour les non-musulmans, tous hommes des temps modernes »[39]. Une telle analyse montre la singularité de la pensée arabe en ce qu'elle revendique pour elle-même et pour l'ensemble de l'humanité. Une tendance à l'universalité se trouve, pour ainsi dire, inscrite au cœur de la revendication fondamentale qui traverse la pensée arabe de bout en bout.

Mais même si les deux pensées peuvent se réclamer d'un impensé enfoui dans les interstices de l'histoire humaine, elles ne perçoivent pas de la même manière leur tâche et leur objectif. Dans le prolongement d'une modernisation massive de la pensée arabe, M. Arkoun décrit l'impensé arabe en termes d'affranchissement de toutes les potentialités rénovatrices de la tradition islamique: « Je souhaite exposer la pensée islamique à des défis intellectuels et scientifiques qu'elle n'a pas réellement

38 « Le premier site est la métaphysique. - Et l'autre? - Nous le laissons sans nom » (M. Heidegger, « D'un entretien de la parole... », *op. cit.*, pp. 127-128 ; *Unterwegs zur Sprache*, *GA* 12, Frankfurt, Klostermann, 1985, p. 130).

39 P. Khoury, *Tradition et modernité. Thèmes et tendances de la pensée arabe actuelle*, Beyrouth, 1983, p. 87.

affrontés jusqu'ici ; je veux ainsi combler ce que j'ai appelé l'impensé dans la pensée islamique ; de même que je veux transgresser les limites que la censure officielle et l'interprétation sociologiquement dominante s'accordent à imposer à la pensée libre en maintenant l'impensable des problèmes aisément accessibles à la connaissance scientifique moderne »[40]. En définitive, c'est l'emprise de l'impensé théologique qui, selon M. Arkoun, assiège la pensée arabe : « On mesure ainsi l'immense pensée que désigne une théologie enfermée dans l'exploitation d'un discours dont elle ne peut percevoir ni l'historicité, ni l'immanence linguistique, ni le fonctionnement sémiotique »[41]. Dans l'optique heideggerienne, l'histoire se trouve régie et investie par l'être qui s'y éclaircit. Mais, dès le commencement, l'histoire s'inaugure par l'oubli de l'être[42]. De là l'impensé de la philosophie ne peut être, selon Heidegger, que l'oubli de l'être ou l'être oublié et obnubilé par les revêtements successifs des justifications métaphysiques.

Alors que la pensée heideggerienne s'attelle à l'élucidation de cette différence ontologique en vue d'accueillir l'éclosion de l'être et de l'étant et d'enregistrer l'émergence temporelle de leur vérité[43], la pensée arabe s'efforce inlassablement de réaliser l'harmonisation idéale entre les intimations du texte divin et les requêtes de la rationalité humaine.

---

40 M. Arkoun, « Islam, révélation et révolution », in *Dieux en société. Le religieux et le politique*, *Autrement*, n° 127, février 1992, p. 138.

41 M. Arkoun, *Pour une critique de la Raison islamique*, Paris, Maisonneuve et Larose, 1984, p. 93.

42 Cf. M. Heidegger, *Chemins qui ne mènent nulle part*, Paris, Gallimard, 1962, pp. 216 et 297 (*Holzwege*, GA 5, Frankfurt, Klostermann, 1977, pp. 181 et 250).

43 « L'Être comme tel est... décelé à partir du temps. Le temps renvoie ainsi au décèlement, c'est-à-dire à la vérité de l'Être. (...) Sur l'histoire de l'Être règne, dans l'époque de la métaphysique, une essence non pensée du temps ». (M. Heidegger, « Le retour au fondement de la métaphysique », dans *Questions I*, Gallimard, Paris, 1968, pp. 28-29). Le rapport du temps à la constitution du *Dasein* et la différence entre *Zeitlichkeit* et *Geschichtlichkeit* ont été exposés dans les écrits réunis dans le volume 64 de l'œuvre complète (voir M. Heidegger, *Der Begriff der Zeit*, *GA* 64, Frankfurt, Klostermann, 2004).

Si la question principale posée à la pensée arabe est, selon Zakî N. Ma<u>h</u>mûd[44], celle de savoir comment la pensée arabe contemporaine peut être à la fois authentiquement arabe et authentiquement contemporaine, c'est que la philosophie arabe actuelle ne peut être que l'expression de cette vision du monde globale et cohérente qui abrite en elle l'ensemble des fondements de la culture arabe contemporaine liée à son passé et en partie adaptée aux changements du siècle[45]. Cela étant ainsi établi, le problème central de cette pensée sera d'accorder les sciences modernes et le patrimoine intellectuel des Arabes.

Dans un registre réformiste plus fidèle à la tradition théologique de l'islam, <u>H</u>. <u>S</u>a'b estime que le problème majeur de la pensée arabe est celui de la modernisation de la raison arabe[46]. Si tel est le cas, cette problématique ne manquera pas de conditionner le déploiement historique de la pensée arabe. D'où la possibilité d'une autre comparaison. Tandis que la pensée heideggerienne s'inscrit initialement dans un registre de neutralité pré-rationnelle ou a-rationnelle, car l'enjeu déterminant de l'ontologie fondamentale exclut, à l'évidence, la médiation suspecte de la vérification rationnelle, la pensée arabe s'apparente indéniablement à une théorie générale de la connaissance et ambitionne la fondation d'une sagesse éthique susceptible de guider l'agir humain[47].

Il est, cependant, curieux d'apprendre que l'analyse du modèle iranien de réception, modèle qui s'apparente à l'éventuel modèle arabe par la même référence à la vision coranique, peut démentir le bien-fondé d'une telle comparaison. En effet, l'un des éminents représentants de l'école heideggerienne en Iran, A. Fardid, propose une autre interprétation du sort de la rationalité dans la société iranienne : « Ce qui fascinait Fardid, c'était la fin de la

---

44 *Tajdîd al-fikr al-'arabî* (*Rénovation de la pensée arabe*), Beyrouth-Le Caire, 1974, pp. 9-20.

45 *Ibid.*, pp. 257-287.

46 H. <u>S</u>a'b, *Ta<u>h</u>dîth al-'aql al-'arabî* (*La modernisation de la raison arabe*), Beyrouth, 1972, pp. 3-5.

47 Le but de la renaissance arabe consiste, selon Qus<u>t</u>an<u>t</u>în Zurayq (*Na<u>h</u>nu wa-l-mustaqbal*, Nous et l'avenir, Beyrouth, 1977, *passim*), à construire une société arabe forte, à libérer l'homme arabe et à favoriser ses droits fondamentaux. Cette entreprise ne peut s'accomplir que si le monde arabe adopte la révolution scientifique et technique du monde occidental.

métaphysique, et l'idée inattendue émise par Heidegger dans son interview avec l'hebdomadaire Der Spiegel que seul un Dieu peut nous sauver. Pour Fardid, toute la production littéraire, artistique de la Perse moderne, étaient les déchets et les sous-produits de la 'métaphysique' occidentale. Si donc on a atteint la fin de la métaphysique et que nous attendons tous l'apparition imminente d'une nouvelle divinité, quelle sera alors la configuration du monde lorsque cette même divinité finira par se révéler ? »[48] Dans un contexte sociologiquement différent du contexte arabe, tout en ayant la même référence théologique, la réception heideggerienne provoque, au sein de la vision iranienne du monde, une réaction de rejet de la modernité. En vertu du messianisme ancré dans la conscience chiite iranienne, la promesse d'une ultime restauration de l'être rejoindra l'attente sotériologique de l'imam absent. Pour des raisons différentes, l'herméneutique messianique de la décadence de la société libérale iranienne gouvernée par le régime corrompu du Shah rejoint l'herméneutique heideggerienne de la déchéance technique de la rationalité métaphysique. La raison d'une telle concordance peut être trouvée dans la dimension mythique que revêt l'attente mystique de l'ontologie heideggerienne. Bref, il s'agit donc, dans ce cas précis de réception, d'une pure et simple instrumentalisation de la pensée heideggerienne visant à justifier philosophiquement la perception religieuse du monde, perception soigneusement préconisée par la révolution iranienne. L'œuvre de Heidegger offre, en somme, un alibi moderne inestimable qu'une telle lecture entend utiliser pour réinscrire la révolution iranienne dans le tissu de l'histoire actuelle du monde. La révolution iranienne aurait parfaitement raison de rejeter la modernité et d'exorciser ses démons puisque l'une des figures éminentes de la pensée occidentale, en l'occurrence Heidegger, aurait emprunté cette voie de salut.

3. L'identité essentielle de la pensée

Le décalage plus qu'apparent entre ces deux univers conceptuels s'enracine, cependant, dans une réelle divergence

48 D. Shayegan, « Heidegger en Iran », art. cit (voir D. Shayegan, *Le regard motile*, Éditions de l'Aube, 2002).

quant à la perception de l'identité même de la pensée. Respectueuse du dévoilement spontané de l'être, recueillie dans un acte de piété révérentielle devant l'éclosion de la vérité, retenue dans une attitude de sérénité totale vis-à-vis des turbulences incontrôlables de l'ère technique, méditant dans l'interrogation patiemment exigeante, mais aussi dans l'attente éveillée, l'émergence du salut au creux même du danger, la pensée heideggerienne se conçoit plutôt comme une remémoration poétique visant à sauvegarder le mystère de l'être[49].

À l'encontre de cette passivité bienveillante, la pensée arabe traverse immanquablement l'épreuve de la mutation et, à cet effet, sollicite toute l'énergie de la raison humaine. C'est une pensée active qui se doit de provoquer sa propre régénération. Résolument militante, elle décide, par un décret émanant de sa propre volonté, de revivifier son patrimoine en y incrustant les implications de la modernité culturelle, dans ses deux vesants théologico-philosophique et scientifico-technique.

Cependant, si les deux pensées s'apprêtent à assumer une mutation profonde et un passage réel d'un état de déchéance et d'inauthenticité à un nouvel état de restauration et d'épanouissement, la pensée heideggerienne entend vivre l'épreuve de ce passage dans la quiétude de l'accueil reconnaissant, quiétude qui n'exclut nullement l'urgence du questionnement subversif et destructeur. Alors que la pensée arabe veut opérer cette mutation culturelle dans la mobilisation consciente et déterminée de toutes les potentialités subjectives et objectives du monde arabe.

---

49 « L'abscondité et le voilement se révèlent être un mode propre de l'être manifeste. Le secret (*Geheimnis*) n'est pas une barrière située au-delà de la vérité, mais il est lui-même la plus haute forme de la vérité; car pour laisser le secret être véritablement ce qu'il est - la sauvegarde qui réserve l'être authentique (*verbergende Bewahrung des eigentlichen Seyns*)-, il faut que le secret soit comme tel manifeste. Un secret dont la puissance de voilement n'est pas connue n'en est pas un. Plus haut est le savoir du voilement, plu authentique est la parole qui le dit comme tel, et plus intacte demeure sa puissance de réserve » (M. Heidegger, *Hölderlins Hymnen 'Germanien' und 'Der Rhein'*, *GA* 39, Frankfurt, Klostermann, 1989, p. 119).

4. La source de référence

Ce double écart qui affecte et l'identité de la pensée et la nature de son mouvement intrinsèque s'autorise, en effet, d'une disparité référentielle lourde de significations. En réalité, les lieux d'enracinement, les sources d'inspiration et les instances de recours diffèrent ostensiblement d'une pensée à l'autre. En dépit de la circularité culturelle qui marque profondément la juxtaposition, l'interpénétration et la succession des grandes civilisations, et malgré la parenté lointaine qui lie les deux pensées arabe et occidentale et les rattache, dans leur mouvance moderne et contemporaine, à une origine grecque commune, cette disparité référentielle se laisse dévoiler dans la confrontation de deux obédiences culturelles nettement distinctes.

Privilégiant l'axe de la parenté culturelle, S. J. Al-'Azm[50]relève le caractère d'interaction essentielle, d'entrelacement profond et d'englobement total qui spécifie les rapports de la civilisation occidentale et de la civilisation arabe. En outre, il estime que les deux cultures occidentale et arabe ont en commun les religions sémitiques et la pensée grecque et que, de ce fait, la pensée arabe peut être considérée comme faisant partie intégrante du processus de genèse de la civilisation occidentale.

Dans un registre tout à fait différent, M. Al-Mubârak[51] considère que la civilisation moderne est produite par l'interaction de trois éléments ou sources : l'élément gréco-romain (mentalité rationnelle réflexive et tendance matérialiste au plaisir et à l'intérêt individuel); l'élément chrétien (valeurs humaines et morales); l'élément islamique (sciences mathématiques et physiques, méthode expérimentale dans les sciences inventées par les musulmans). Même si l'Occident n'a pas adopté l'islam (dogme et morale), sa civilisation moderne serait, toujours selon M. Al-Mubârak[52], le fruit d'une communication et d'une interaction avec la civilisation islamique dans ses deux principaux apports, à savoir

50 S. J. Al-'Azm, *Dirâsât fî-l-falsafa al-gharbiyya al-hadîtha* (*Études sur la philosophie occidentale moderne*), Beyrouth, 1974, pp. 5-8.

51 *Mudhakkirât fî-l-thaqâfa al-islâmiyya* (*Notes sur la culture islamique*), Beyrouth, s. d., pp. 14-16.

52 *Al-islâm wa-l-fikr al-'ilmî* (*L'islam et la pensée scientifique*), Beyrouth, 1978, pp. 127-130.

les sciences mathématiques et physiques et la science comparée des religions.

En exploitant à l'extrême les ressources de la langue allemande, la pensée heideggerienne se réclame de l'héritage grec présocratique et revendique le droit de déployer toutes les potentialités latentes de sa texture sémantique. Rivée au texte coranique et au dépôt de la langue arabe[53], la pensée arabe se réfère plutôt à la tradition grecque postsocratique[54] et s'efforce, sans y réussir entièrement, d'adapter les catégories de cette tradition aux schèmes conceptuels fondamentaux de la langue arabe.

Il appert donc que la source grecque commune est perçue différemment, adoptée sélectivement et investie respectivement selon le génie propre de chaque pensée. Il va sans dire que la constellation médiévale chrétienne et la constellation médiévale musulmane, phases charnières entre l'antiquité grecque et les deux modernités occidentale et arabe, charrient des visions globales présentant beaucoup plus de divergences que de convergences, même si elles s'accordent à élaborer les mêmes diagnostics et à aborder les mêmes problèmes.

En somme, il s'agit de repérer, sans toutefois les accentuer excessivement, toutes les incompatibilités qui opposent le texte coranique investi d'une herméneutique fondée sur les catégories de la langue arabe à un texte présocratique revisité par le génie d'une

---

53 Dans son étude sur « L'islam actuel et les grands problèmes mondiaux » (*Actes Bruxelles*, 1970, pp. 339-343), Henrique Martins de Carvalho affirme que le problème culturel du monde arabe consiste à conserver les identités de base de la civilisation arabe ou son fond commun, à savoir l'islam et la langue arabe. Dans le même sillage, M. Bennabi (*Mouchkilat al-thakafa*, Problème de la culture, Beyrouth, 1971) estime que les Arabes ne peuvent reconstruire leur civilisation que sur la base culturelle arabo-islamique de leur propre réalité.

54 Selon M. Fakhri (*Dirâsât fî-l-fikr al-'arabî*, *op. cit.*, pp. 13-26), les philosophes arabes ont ignoré et négligé les présocratiques. Ceux qui les ont cités, comme Shahrastânî, Ibn Abî Usaybi'a et Qiftî, étaient, semble-t-il, mal informés. De manière générale, les Arabes ont tendance à attribuer à ces présocratiques des intérêts religieux que certaines recherches actuelles sont loin d'approuver entièrement (cf. W. Jaeger, *À la naissance de la théologie. Essai sur les présocratiques*, Cogitatio Fidei 19, Paris, Cerf, 1978). De là l'idée répandue dans la pensée arabe de l'unité de la vérité sous ses deux manifestations, religieuse sémitique et philosophique grecque.

langue allemande soumise à un processus sans précédent de fécondation sémantique et de transfiguration symbolique.

5. Stratégie de la méthode

Le tranchant de cette troisième différenciation aide à aiguiser tout discernement relatif à la méthode de raisonnement et d'analyse adoptée dans chaque pensée. Fidèle à son projet de relecture du patrimoine philosophique de l'Occident, la pensée heideggerienne ressemble davantage à une herméneutique de destruction ou de déconstruction. Dans le texte que Heidegger rédigea en 1922 pour introduire ses interprétation d'Aristote[55], le mot clef par lequel Heidegger saisit la tradition métaphysique fut celui de « déconstruction ». Il s'agissait avant tout de démonter la conceptualité métaphysique dans laquelle était enchâssée la philosophie moderne[56]. La remise en cause de l'oubli de l'être, la critique radicale des catégories de la conscience subjective des temps modernes, la fouille presque archéologique des soubassements invisibles de l'histoire de la métaphysique[57], le décryptage inlassable du sens ultime de l'errance planétaire, sont autant de requêtes qui marquent de leur empreinte indélébile la stratégie discursive de la pensée heideggerienne.

Moins impliquée dans des entreprises de démontage conceptuel ou de destruction critique, la pensée arabe, en vertu de ce qui est inhérent à sa nature irénique de rapprochement et de synthèse, tend plutôt à privilégier les stratégies d'accommodement et d'adaptation, les techniques de conciliation et d'harmonisation, les procédures de sélection et d'agencement. S'il est cependant vrai que le principe de la conciliation épouse, sous la plume des réformistes arabes, les contours les plus variés et les plus imprécis

---

55 M. Heidegger, *Phänomenologische Interpretation ausgewählter Abhandlungen des Aristoteles zur Ontologie und Logik*, *GA* 62, Frankfurt, Klostermann, 1998.

56 Cf. H. G. Gadamer, « Heidegger et l'histoire de la philosophie », in M. Haar (éd.), *Heidegger*, Cahier de l'Herne, Paris, 1983, p. 118.

57 Même si Heidegger (*Question IV*, Gallimard, Paris, 1967, p. 48) renonce au dépassement forcé de la métaphysique, il reste certain que le démantèlement de l'arsenal conceptuel métaphysique désencombre efficacement l'accès à la contrée lumineuse de l'être présocratique.

et connaît même des applications plus ou moins contradictoires[58], il n'en reste pas moins qu'il régit implacablement la conscience arabe. Laquelle conscience est foncièrement attachée à l'identité historiquement mouvante de son lieu d'émergence où se croisent des exigences traditionnelles religieuses et des revendications d'ouverture au patrimoine culturel de l'Occident.

58 Dans son livre intitulé *Ṣadmat al-ḥadâtha* (Le choc de la modernité, Beyrouth, 1978), Adonis estime que la philosophie arabe s'est effondrée au moment où elle tentait la conciliation entre l'islamisme et l'hellénisme. Moins radical dans son jugement, A. Al-Jundî (*Ma'âlim al-fikr al-'arabî al-mu'âṣir*, Aspects de la pensée arabe contemporaine, Le Caire, 1965, pp. 3-14) décrit la pensée arabo-islamique comme étant la pensée de la communauté du juste milieu jugeant et adaptant les cultures en référence à son patrimoine. Dans les rebondissements du même débat, le réformiste islamique Afghânî voit dans l'Occident une menace pour l'islam; toutefois, il recommande, pour y faire face, de prendre à l'Europe les conditions de son succès, à savoir sa science et sa technique (J.-P. Charnay, éd., *Normes et valeurs dans l'Islam contemporain*, Paris, 1966, pp. 226-231). À l'encontre de cette approche restrictive, Khayr al-Dîn et Q. Zurayq proposent d'emprunter à l'Occident non seulement les institutions, mais aussi les idées susceptibles de favoriser l'essor des États musulmans (A. Hourani, *Arabic Thought in the liberal age 1798-1939*, London, 1970, p. 88, pp. 309-316).

Chapitre troisième

Essai de comparaison thématique recoupements et convergences

1. parenté sectorielle

Centrée sur l'aspect ou la structure générale de la pensée, la première comparaison révèle sinon une antinomie fondamentale entre la pensée heideggerienne et la pensée arabe, du moins une dissemblance patente qui concourt positivement à l'élucidation de l'originalité propre à chaque pensée. Il est cependant possible, nonobstant cette dissemblance, de relever un certain nombre de correspondances thématiques dérivées dans lesquelles les deux pensées peuvent se rejoindre et se reconnaître mutuellement.

D'entrée de jeu, il importe de signaler que les thèmes choisis dans cet essai comparatif ne sont subordonnés à aucun critère philosophique préalable. Il est tout simplement question d'une série de préoccupations communes qui, comme il se conçoit aisément, peuvent s'appuyer sur des fondations ou des justifications peu concordantes, et ce, malgré leur apparente affinité. Car, - et il est utile de le rappeler -, la divergence structurelle ne laisse pas de conditionner les quelques traces de cette parenté thématique régionale ou sectorielle. Autrement dit, le rapprochement thématique pourrait se déployer d'une manière beaucoup plus visible entre des secteurs ou domaines de la pensée qu'entre des catégories ou concepts relatifs aux deux univers heideggerien et arabe.

2. La critique de l'Occident : ambiguïtés et entrelacements

Il est indéniable que l'Occident, par tout ce qu'il véhicule en matière de modes de perception et de systèmes d'explication, de critères de jugement et de normes de comportement, de valeurs culturelles et d'acquis civilisationnels, constitue paradoxalement, pour les deux pensées arabe et heideggerienne, un pôle d'attraction et une source de méfiance.

Si la pensée arabe, dans sa mouvance islamiste et traditionaliste, se révèle farouchement agressive à l'égard de la pensée occidentale[59], et si elle est, dans son option réformiste et moderniste, lucidement critique vis-à-vis de cette même pensée et nécessairement sélective par rapport à sa réception, c'est que l'Occident n'a jamais cessé d'exercer sur le monde arabe des séductions et des influences de nature et d'intensité différentes.

Il en est de même pour la pensée heideggerienne qui se voit dans la nécessité « historiale », selon la terminologie préférée de Heidegger, de traiter avec l'Occident pour le faire naître à sa propre vérité. Laquelle vérité se trouve obnubilée par les recouvrements successifs engendrés dans l'errance métaphysique et aggravés par l'agressivité subjectiviste de la rationalité calculatrice et dominatrice. C'est donc au creux de l'oubli de l'être qu'il faut chercher les voies du salut ; et c'est au cœur de l'Occident qu'il faut trouver les chances et les énergies d'une éventuelle délivrance[60].

---

59 « Les rapports du monde arabo-islamique et du monde occidental ne furent pas toujours des rapports d'entente cordiale, ni même de coexistence pacifique. Ce furent, dans l'ensemble, des rapports de forces antagonistes, se traduisant, aussi bien par des affrontements armés ou des pressions et des concessions ou des compromis diplomatiques, que par la volonté, de côté et d'autre, de convertir l'autre, ou de montrer l'infériorité de sa religion et de sa culture. Conflits armés, ou controverses de nature polémique et apologétique, ou entreprises missionnaires, autant d'attitudes qui trouvent leur explication dans les caractères antinomiques de la culture de chacun de ces deux mondes, et leur fondement immédiat dans la différence de conception et de structuration des systèmes sociaux concurrents. Ainsi les rapports de l'Islam et de l'Occident sont déterminés par un contentieux historique, par une antinomie culturelle, et par une divergence de structuration sociale » (P. Khoury, *L'Islam critique de l'Occident dans la pensée arabe actuelle. Islam et sécularité*, I, Echter Verlag-Oros Verlag, Würzburg-Altenberge, 1994, p. 11).

60 Il est patent que tout un pan de la pensée arabe moderne ou moderniste voit dans la technique planétaire une possibilité de salut pour les sociétés du monde arabe, tandis que la modernité technique est ressentie par la pensée heideggerienne comme l'incarnation de l'extrême danger. D'un côté, la modernité technique est souhaitée et prisée pour ses potentialités positives de redressement du monde arabe, monde accablé par le retard scientifique et la misère matérielle; de l'autre, elle est abhorrée non seulement en raison de ses effets délétères, mais aussi et surtout à cause de ses allégeances métaphysiques, subjectivistes et rationalistes. Si la pensée arabe ose concevoir une technique de redressement affranchie de la tutelle de la rationalité calculatrice et dominatrice, elle pourra proposer une réplique valable à l'interpellation de la pensée heideggerienne. Mais, - faut-il

En somme, la pensée heideggerienne et la pensée arabe sont à la fois fascinées et scandalisées par l'Occident. Cette double attitude, imprégnée d'inquiétude et de tiraillement, se laisse justifier par l'approche équivoque de la modernité occidentale. Laquelle recèle simultanément des germes de dégénérescence et de déclin et des semences de renaissance et d'authenticité. Aussi, chacune des deux pensées entend-elle, à sa manière, déceler les indices du salut qui s'offrent dans le fourvoiement de la subjectivité déracinée et débridée des temps modernes, décrire les chances du réveil qui se profilent à l'horizon de l'effervescence technique moderne, et opérer des thérapies de sauvegarde et de revivification visant à rectifier la trajectoire de la pensée humaine.

Une nuance de taille reste cependant à dégager. Au moment où la pensée heideggerienne perçoit toute opacité ontique, toute agression perpétrée par les sciences humaines occidentales au détriment de l'étant, comme un voilement ou comme une obnubilaton qui préserve paradoxalement l'avènement de la vérité de l'être, la pensée arabe préconise d'assainir l'état pathologique de la rationalité occidentale en y injectant des rectificatifs puisés dans les ressources de sa propre tradition[61].

---

s'empresser d'ajouter -, toute la méditation philosophique postmoderne semble quelque peu hantée par le problème de l'émergence d'une telle technique.

61 Parmi les nombreuses tentatives philosophiques arabes d'assainissement et d'amendement, on peut citer celle de Arsûzî pour qui la philosophie européenne se livre à des abstractions excessives, alors que dans la *baṣîra* (intuition) arabe la connaissance peut s'unir spontanément à l'être (*Al-mu'allafât al-kâmila*, *Œuvres complètes*, VI, Damas, 1976, pp. 1-16). Puisque la raison grecque occidentale tend à découvrir l'ordre de la nature et que la raison arabe tend vers la vérité spirituelle idéale, ces deux tendances peuvent, selon Arsûzî, devenir complémentaires et se féconder mutuellement (cf. N. Naṣṣâr, *Tarîq al-istiqlâl al-falsafî*, *Le chemin de l'indépendance philosophique*, Beyrouth, 1975, pp. 178-253). D'autre part, si l'on croit pouvoir demander à la pensée arabe islamique d'aider l'Occident à sauver sa culture minée par la rationalité dissolvante (H. Djaït, « Sur trois mises en question de la modernité entre Islam et Occident », dans *Concilium*, « Chrétiens et musulmans », Paris, 1976, n° 116, juin, pp. 113-117), c'est parce que la crise de la pensée occidentale tient à la prépondérance du caractère rationnel sensible aux dépens des caractères psychiques, spirituels et religieux (A. al-Jundî, *Akhṭâ' al-manhaj al-gharbî*, *Les erreurs de la méthode qui nous vient d'Occident*, 1974, pp. 432-440). En vertu d'une tentative audacieuse et radicale de libération de la pensée islamique, M. Arkoun (*Essais sur la pensée islamique*, Paris, 1973, pp. 297-317) pose comme la première condition

À cela il convient d'ajouter que certains penseurs arabes modernes s'aperçoivent du lourd paradoxe qui pourrait s'insinuer dans les thèses arabes élaborées en vue de critiquer la modernité technique occidentale. Car, tant que le monde arabe n'aura pas subi l'épreuve technique dans toute l'étendue de ses défis, la pensée arabe ne pourra pas prétendre critiquer objectivement les requêtes de cette modernité technique. L'on ne guérit point d'une maladie que l'on n'a pas encore subie.

3. Retour aux sources et remémoration d'appropriation

Il va sans dire que la critique de l'Occident est dictée, dans les deux pensées, par la nécessité de remonter la pente historique sur laquelle s'amoncellent les diverses manifestations époquales de la pensée pour accéder à l'aube de la première éclosion et à l'expérience fondatrice de toute méditation philosophique sur la vérité. Conformément à une perception intuitive de l'unité de l'histoire de l'être, la pensée heideggerienne saisit le mouvement global de la pensée occidentale comme un déploiement presque fatal des premières dépositions présocratiques dictées par le dynamisme ludique de la vérité de l'être (décèlement - cèlement). Chaque remémoration époquale de ce commencement inaugurateur constitue une forme de révélation de cette même vérité.

En somme, la pensée humaine ne peut s'entendre que comme une remémoration s'appropriant les éclaircies qui s'offrent au regard docile et circonspect de l'homme. Et comme il s'agit, dans l'affaire de la pensée, d'une seule et unique préoccupation, celle qui consiste justement à contempler les étants dans la lumière de l'être, il en découle que la pensée heideggerienne ne peut être qu'une relecture, éclairée par la première éclosion de l'être, de toutes les tentatives d'approche qui ont été effectuées pour cerner la dimension ontologique des étants qui peuplent l'existence humaine.

---

de cette libération le devoir de briser la corrélation Orient/Occident en vue de surmonter les périls d'un affrontement de durcissement et d'exclusion et d'engager une démarche de décryptage des présupposés régissant les deux univers conceptuels.

Sortant d'une longue période d'hibernation et impliquée dans la quête de sa propre identité, la pensée arabe se trouve habitée par le souci de la continuité[62]. Les deux thèmes du retour et de l'appropriation s'inscrivent, comme en filigrane, dans le dynamisme même de sa propre mutation culturelle. Car le retour et l'appropriation sont, pour elle, synonymes de fidélité créatrice et d'authenticité salutaire[63].

Si cette pensée, même perçue dans sa mouvance proprement philosophique, demeure sujette aux tendances précitées, c'est précisément parce qu'elle est singulièrement soucieuse d'exploiter les potentialités d'innovation et d'enrichissement que recèle indéniablement la rencontre inaugurale qui s'est effectuée à l'aube de la civilisation arabe entre la tradition religieuse juive, chrétienne et musulmane d'expression arabe, et les différents apports culturels des civilisations environnantes, notamment l'apport grec et l'apport persan.

Dans la conscience arabe actuelle, cette interaction culturelle récapitule le mouvement d'originalité de la pensée arabe et engendre une approche de l'être fondée sur la synergie constitutionnelle de la lumière divine et de la raison humaine. Les impératifs de la raison sont, pour ainsi dire, atténués par les ouvertures méta-rationnelles de l'option religieuse.

---

62 Dans l'introduction à son étude sur *L'idéologie arabe contemporaine* (Paris, 1977, pp. 3-11), A. Laroui désigne les quatre problèmes qui occupent la pensée arabe actuelle, à savoir les problèmes d'authenticité, de continuité, de méthode et d'universalité. Le problème de continuité place les Arabes, selon A. Laroui, devant la perspective de réexaminer les relations qu'ils entendent entretenir avec leur propre passé, et ce, en vue d'élaborer le sens qu'il convient d'imprimer à leur histoire actuelle.

63 M. A. Jâbirî (*Takwîn al-'aql al-'arabî*, *Genèse de la raison arabe*, Beyrouth, 1982, p. 51) déplore que le passé de la tradition arabe soit invoqué et actualisé pour bloquer et paralyser la pensée arabe actuelle, au lieu d'être investi pour féconder cette même pensée et l'ouvrir davantage aux impératifs de la modernité. Dans un registre plus concret et plus pratique, Z. N. Mahmûd (*Tajdîd al-fikr al-'arabî*, *op. cit.*, pp. 63-96) préconise, pour réussir ce type d'appropriation, d'imiter seulement l'attitude de nos ancêtres à l'égard de leurs problèmes, et de renoncer à copier les solutions elles-mêmes.

4. Herméneutique de fondation

L'un des thèmes de prédilection de la pensée heideggerienne fut, sans conteste, celui de la langue et de son statut fondateur de l'identité de l'homme et de la nation. D'ailleurs toute l'originalité de l'apport heideggerien consiste à révéler la place éminente de la langue dans toute approche de la vérité de l'être, et à montrer toute la richesse et toute l'énergie qu'elle recèle en tant que réceptacle ou habitacle de l'être[64]. Par la langue, l'homme advient et naît à sa vérité de berger de l'être[65]. En vertu de son statut privilégié qui consiste, pour lui, à être le « là » de l'être, le lieu de son ouverture et de son déploiement, mais aussi de son voilement et de son retrait, l'homme peut éprouver dans sa langue une insigne proximité avec la vérité de l'être[66]. Le *Dasein* est lui-même un être signifiant, c'est-à-dire porteur en lui-même de la signification de son être. Aussi peut-il éprouver dans le monde ambiant les différentes significations qui jaillissent de ce monde et qui marquent son rapport quotidien aux choses : « Parce que le *Dasein* est signifiant dans son être même, il vit dans des significations et il peut s'exprimer en tant que celles-ci »[67]. En d'autres termes, l'homme, étant porteur de sens dans son propre être, peut donc éprouver la significabilité des choses et celle de l'existence.

À cet égard, il suffit de s'initier à l'art de décrypter et d'interpréter les signes discrets de cette vérité. Tout devient ainsi

---

64 Décrire la langue comme habitacle laisse entendre qu'un certain dévoilement de l'être précède la saisie de la langue : « Pour pouvoir même déployer la question du sens de l'être, il fallait que l'être fût donné, afin d'y pouvoir interroger son sens » (M. Heidegger, *Questions III et IV*, Gallimard, Paris, 1967, p. 315). Dans son cours intitulé *Prolegomena zur Geschichte des Zeitbegriffs* (*GA* 20, Frankfurt, Klostermann, 1988, p. 75), Heidegger précise l'enjeu de la perception prélinguistique: « Nous n'exprimons pas en mots ce que nous voyons, mais inversement, nous voyons ce qu'on dit de la chose ».

65 « L'essence de l'homme se fonde dans la langue comme effectivité fondamentale de l'esprit » (M. Heidegger, *Lettre du 4 novembre 1945*, Cahier de l'Herne, *op. cit.*, p. 397).

66 Cf. M. Heidegger, *Seminar. Vom Wesen der Sprache. Die Metaphysik der Sprache und die Wesung des Wortes. Zu Herders Abhandlung « Über den Ursprung der Sprache »*, GA 85, Frankfurt, Klostermann, 1999.

67 « Weil Dasein in seinem Sein selbst bedeutend ist, lebt es in Bedeutungen und kann sich als diese aussprechen » (M. Heidegger, *Logik. Die Frage nach der Wahrheit*, *GA* 21, Frankfurt, Klostermann, 1976, p. 151).

une affaire d'herméneutique phénoménologique. Une herméneutique qui fait accéder l'homme au cœur des étants et lui révèle leur densité ontologique et l'empreinte de leur vocation salutaire pour les habitants de la terre. La pensée humaine est ainsi fondée dans l'ouverture herméneutique aux messages de l'être. Bien plus, la langue est elle-même la forme la plus concrète selon laquelle la pensée de l'être se déploie dans l'existence historique, individuelle et communautaire, de l'homme.

Parallèlement à cette perception heideggerienne de la langue, la pensée arabe s'identifie, elle aussi, par sa référence inconditionnelle à la langue arabe, dans laquelle elle voit le dépôt principal de l'esprit et de l'identité arabes[68]. Déterminant la perception arabe du réel, la langue arabe régit toute la productivité culturelle de la pensée arabe et constitute, par le fait même, l'élément fondateur de la conscience arabe collective[69]. Solidement ancrée dans une référence constante aux expressions et significations consignées

---

68 Il est indéniable que la langue arabe investit massivement tout le champ de la pensée arabe ; tout en faisant partie du processus de la pensée, cette langue abrite l'esprit arabe lui-même. Ce statut privilégié devient d'autant plus justifiable que les Anciens ne considérait pas la langue arabe comme l'instrument de la culture, mais plutôt comme la culture elle-même (Z. N. Mahmûd, *Tajdîd al-fikr al-'arabi*, *op. cit.*, pp. 63-96). Cependant, la langue arabe n'a pas toujours réussi à développer en elle une référence explicite à la réalité objective des choses, car par le souffle poétique qui l'habitait initialement elle ressemblait davantage à une mélodie qui transporte l'homme vers l'infini et l'absolu (cf. Z. N. Mahmûd, *Tajdîd al-fikr al-'arabi*, *op. cit.*, pp. 205-223). Certains Arabes vénèrent leur langue, à telle enseigne qu'elle devient une chose en soi, se tenant à l'écart du monde réel et s'efforçant de remplacer les choses par des mots. En tentant de dégager les caractères fondamentaux de la structure arabe mentale, Adonis (*Al-thâbit wa-l-mutahawwil*, *L'invariant et le variable*, I, Beyrouth, 1974, *passim*) déplore la dissociation sémantique qui sépare le mot de son sens référentiel ou de sa portée réelle. D'où la réaction critique d'un penseur comme A. Laroui (*Al-'Arab wa-l-fikr al-tarîkhî*, *Les Arabes et la pensée historique*, Beyrouth, 1973, pp. 223-246) qui constate que le rejet de la modernisation occidentale prend souvent la forme d'une sacralisation acharnée de la langue arabe.

69 Selon Arsûzî (*Al-mu'allafât al-kâmila*, I, *op. cit.*, pp. 27-33) les Arabes possèdent une philosophie complète contenue dans leur langue (Pour une présentation générale de la pensée d'Arsûzî, voir A. Audo, *Zakî al Arsûzî. Un Arabe face à la modernité*, Beyrouth, 1988). À l'encontre de cette perception, A. Zay'ûr (*Al-tahlîl al-nafsî lidh--dhât al-'arabiyya*, *Psychanalyse du sujet arabe*, Beyrouth, 1977, pp. 11-28), critiquant vertement Arsûzi, considère que la langue arabe doit être régie par des lois objectives que l'on peut vérifier, amender et changer.

dans le texte coranique, la langue arabe se déploie dans un champ de précompréhension ontologique qui attribue aux mots et vocables une consistance sémantique préalable à toute élaboration notionnelle et rebelle à toute opération de démantèlement et de reconversion. Il est à noter que les commentateurs du Coran estiment tous que la référence herméneutique du texte révélé n'est autre que la langue arabe. C'est en déployant les ressources de cette langue que l'on peut saisir les différentes significations du texte coranique. Par conséquent, la langue arabe devient elle-même un élément constitutif de la *Weltanschauung* arabe religieuse et culturelle.

Cette aptitude innée de la langue arabe à offrir à l'homme arabe un commerce préconceptuel avec la réalité ambiante, habilite la pensée arabe à effectuer des percées phénoménologiques respectueuses de la spécificité de chaque étant. Par conséquent, cette pensée se trouve entièrement obsédée par un souci herméneutique affectant la globalité de la vision arabe du monde[70]. Un rapprochement peut être tenté entre la conception arabe de la langue et celle préconisée par Heidegger relativement au dire poétique : « À l'origine, dans le ventre maternel, première maison de l'homme, le verbe, après la naissance de l'homme, habitera un *bayt* nouveau, le vers de poésie (...) ; la langue, maison de de l'être, disait justement Heidegger »[71]. Le rapprochement significatif entre le bayt de la poésie arabe et la maison de l'être introduit une affinité de fond. Selon le génie de la culture arabe, le mot ne devient maison (*bayt*) de l'être que lorsqu'il se configure symboliquement en vers (*bayt*) de poésie. Cette configuration habilite, en quelque sorte, la parole humaine à héberger gracieusement la vérité des étants.

Il est même légitime de dire que l'herméneutique des textes fondateurs, religieux et autres, du patrimoine culturel arabe,

---

70 En réinterprétant l'héritage humaniste arabe, L. Slimane tente un rapprochement avec Heidegger dans la mesure où il convie la pensée arabe actuelle à reconsidérer l'appel de Taw<u>h</u>îdî (XIe siècle) qui, à l'instar de Heidegger, réclame que la parole soit audible (L. Slimane, « Une leçon d'humanisme arabe : agréments et aimable compagnie. Plaisirs de la causerie et bonne société d'Abî <u>H</u>ayyân at-Tawhîdî », in *Synergies* (Monde arabe), n° 6, 2009, pp. 91-102).

71 S. Zeghidour, *La poésie arabe moderne entre l'islam et l'Occident*, Karthala, 1982, p. 28.

constitue l'axe fondamental autour duquel gravite toute la pensée arabe contemporaine, laquelle pensée se fonde principalement sur une réinterprétation massive et soutenue des acquisitions stratifiées de la tradition et des exigences sans cesse grandissantes de l'existence historique actuelle[72].

Dans le registre de l'exégèse coranique ou de l'herméneutique théologique musulmane, la langue occupe une place prépondérante. L'expression retenue est *kalâm*, qui signifie parole[73]. Car, dans l'optique de la vision coranique du monde, la parole de Dieu fait exister tout le réel. D'ailleurs, la seule réalité fiable et digne d'exister en elle-même n'est pas le réel contingent du fait humain, mais plutôt la parole prononcée par laquelle Dieu crée le monde et lui donne sa consistance. Cette parole contient potentiellement en elle-même la substance de toute réalité. D'où la tentation qui guette en permanence l'esprit arabe et qui l'amène à identifier le réel aux mots qui se proposent d'en dire la teneur. À vrai dire, la parole est le réel. Il suffit donc de parler pour faire ressortir le réel. Non seulement la parole constitue le réel, mais aussi elle le préserve de toute altération. Car le *kalâm* arabe est lieu par excellence de sauvegarde de la réalité humaine.

5. La nation, lieu d'émergence de la pensée et garantie de salut pour la culture

Dans la pensée heideggerienne, la nation représente le pôle privilégié de la vérité, car par la nation et en elle s'incarne et se concrétise la forme historiale de l'avènement de l'être. En vertu de cette corrélation destinale, l'identité d'un peuple s'élève donc sur le

---

72 Selon N. Na<u>ss</u>âr (*Tarîq al-istiqlâl al-falsafî*, *op. cit.*, pp. 5-13), le point de départ d'une pensée arabe contemporaine ne pourrait être ni la catégorie de l'ego, ni celle de substance, ni celle de cause première, ni celle du tout absolu, mais plutôt la catégorie de l'action ou celle de l'existence humaine historique. Ce point de vue a été récemment approfondi et amplifié dans le cadre d'une explicitation historique de la catégorie de présence au monde (voir N. Na<u>ss</u>âr, *Al-dhât wa-l-<u>h</u>u<u>d</u>ûr. Ba<u>h</u>th fî mabâdi' al-wujûd at-tarîkhî* ; Le soi et la présence. Étude des principes de l'existence historique, Beyrouth, Dar At-Tali'a, 2008).

73 Voir l'étude technique conduite par P. Khoury sur la terminologie philosophique et théologique utilisée dans la controverse islamo-chrétienne médiévale (P. Khoury, *I<u>st</u>ilâ<u>h</u>ât falsafiyya wa lâhûtiyya* ; Terminologie philosophique et théologique, Jounieh, Liban, Éditions Saint-Paul, 2009, pp. 139-196).

socle de la mission qui lui est confiée. En comparant la mission du peuple grec et celle du peuple allemand, Heidegger considère que la vocation des Allemands, c'est-à-dire leur mission historique, consiste à revivre dans toute l'ampleur de ses dimensions philosophiques et politiques l'étonnement révélateur de la vérité des étants. Pour ce faire, ils doivent se laisser atteindre par l'être lui-même[74].

La pensée arabe a, quant à elle, connu ce type de raisonnement comparatif qui consiste à mettre en relief la particularité de l'apport culturel propre à chaque nation. Comme il s'agit d'une réflexion conduite dans le contexte de la médiévalité, la nation germanique ne figurait pas dans la litanie. En effet, cette tradition philosophique arabe médiévale entend répartir ainsi les performances culturelles des nations célèbres de l'Antiquité : « Ce que chacune de ces nations a eu en partage : la recherche, le raisonnement déductif, l'approfondissement des choses, la découverte, l'enquête et la pensée échouèrent aux Grecs ; l'imagination, l'intuition, la conjecture, la ruse et la superstition aux Indiens ; l'éloquence, la belle diction, la métaphore, la concision et la magie du verbe aux Arabes ; la narration, le conte, la politique, la sécurité civile, la théologie aux Perses »[75]. Si l'on examine cette distribution de mérites intellectuels à la lumière de la pensée de l'être préconisée par Heidegger, force est de constater que le dénominateur commun en est la possession et la maîtrise des facultés propres à la rationalité agressive de la métaphysique occidentale. Nulle mention, par conséquent, de l'ouverture ek-statique au mystère de l'être dans son avènement historial dans la cité des hommes. Nulle mention, non plus, du rapport de

---

74 « Ce qui échoit nativement aux Grecs: la proximité du feu céleste, la violence de l'atteinte par la puissance de l'être. Leur mission : dompter ce qui ne l'est pas en une lutte pour l'œuvre; saisir, constituer. Ce qui est donné aux Allemands : le pouvoir de saisir, prévoir et planifier les diverses tâches, compter, ordonner jusqu'à l'organisation. Leur mission : être atteints par l'être » (M. Heidegger, *Les hymnes de Hölderlin. La 'Germanie' et ' Le Rhin'*, Gallimard, Paris, 1988, p. 268; *Hölderlins Hymnen 'Germanien' und 'Der Rhein'*, *GA* 39, Frankfurt, Klostermann, 1988, p. 293).

75 Ces propos ont été établis par Abû Hayyân at-Tawhîdî (Xe siècle) dans son ouvrage Al-'*Imtâ' wa-l-mu'ânasa*, en référence à une réflexion philosophique interculturelle élaborée par Miskawayh (voir M. Arkoun, *L'humanisme arabe au IVe-Xe siècle : Miskawayh, philosophe et historien*, Paris, Vrin, 1982).

proximité qui se noue entre une nation et l'appel de l'être qui lui est exclusivement adressé.

Or, selon Heidegger, c'est dans la cité que se vit l'expérience d'une telle proximité ontologique. Dans la cité, et au gré de l'histoire, le peuple accueille collectivement la révélation de l'être et se voit assigner la noble tâche de veiller sur la vérité de cette révélation. Voilà le point focal de la réflexion heideggerienne au sujet de la détermination du statut du peuple comme entité ontologiquement ouverte à l'avènement de la vérité dans l'histoire. Grâce à la radicalité de l'interrogation portant sur l'essence du peuple[76], la nation devient le lieu privilégié où s'exerce et se vérifie la pensée de l'homme. Par conséquent, la nation révèle éminemment l'identité de la pensée[77] en la rendant possible et en lui garantissant son inscription dans le déploiement de la vérité.

Car, en dernière analyse, la pensée ne peut se concevoir, selon Heidegger, que comme l'expression d'une quête communautaire et d'un souci collectif de l'essence ultime des étants. C'est-à-dire de la vérité qui fonde et englobe la totalité de la réalité ontologique de l'homme. Par là se trouvent accordées à la pensée elle-même une chance de survie et une promesse de salut au milieu de l'égarement planétaire causé par la domination technique. C'est donc l'enracinement communautaire[78] qui confère à la pensée son véritable profil d'authentique ouverture à l'immensité énigmatique de l'avènement historial de l'être.

La pensée arabe, quant à elle, perçoit la nation comme le sol natal dans lequel éclôt et s'épanouit principalement toute réflexion

---

76 « Par quoi un peuple est peuple ? Un peuple, devient-il seulement ce qu'il est ? Si oui, qu'est-ce qu'il est alors ? Comment cela se laisse-t-il savoir ? Qu'est-ce qu'un peuple en général ? Qu'est-ce que, concrètement, ce peuple-ci et ce peuple-là ? Que sommes-nous nous-mêmes ? » (M. Heidegger, *Beiträge zur Philosophie. Vom Ereignis*, *GA* 65, Frankfurt, Klostermann, 1989, p. 42).

77 « La philosophie d'un peuple est cet élément libre et unique qui tout aussi bien parle du peuple qu'il procède du peuple, qui parle du peuple dans la mesure où ce peuple décide de s'assumer soi-même son Da-sein, son être-là » (*ibid.*, p. 43).

78 « Toute chose essentielle et grande a pu seulement naître du fait que l'homme avait une patrie et qu'il était enraciné dans une tradition » (M. Heidegger, *Réponses et questions sur l'histoire et la politique*, Mercure de France, Paris, 1988, p. 47).

philosophique sur l'identité de l'être humain[79]. Abstraction faite de la diversité des éléments qui constituent la nation, il convient de relever l'importance cruciale que revêt l'idée même de la nation dans la conscience arabe collective. Grâce à la nation, la pensée est investie d'une mission d'élaboration et de structuration de la totalité de l'expérience humaine collective. C'est que les rapports entre nation et pensée sont devenus porteurs d'une nouvelle prise de conscience de l'originalité propre à l'apport civilisationnel arabe.

Sans devoir fatalement verser dans un nationalisme excessif et narcissique, la pensée arabe s'estime singulièrement féconde lorsqu'elle s'applique à dégager, dans l'épaisseur de l'épreuve communautaire, les signes prometteurs de l'avènement d'une vérité salutaire susceptible de fonder et de soutenir le projet d'une solidarité humaine soudée dans la recherche du sens de l'existence historique.

Il s'ensuit que le statut philosophique de l'idée de nation détermine à bien des égards le mouvement même de la pensée arabe. Non seulement cette idée semble omniprésente dans l'ensemble de la production littéraire et philosophique du monde arabe ; non seulement elle inspire plus ou moins directement les options et variations thématiques de cette pensée ; mais elle fonde aussi et motive le déploiement même de toute réflexion philosophique et de toute saisie conceptuelle ayant pour objet l'existence historique des sociétés arabes.

---

79 Les différentes approches philosophiques et idéologiques de la nation ont été magistralement examinées par N. Naṣṣâr dans son livre intitulé *Taṣawwûrât al-umma* (*Perceptions de la nation*, Beyrouth, 1982). Si la nation est constituée, d'après 'Alâylî, par la langue, le territoire, la race, l'histoire et les coutumes, Ḥuṣarî estime que l'unité de langue et d'histoire forgent au plus haut point l'unité culturelle de la nation. À telle enseigne que l'individu ne dispose plus de liberté en dehors de cette référence culturelle (cf. S. Haim, éd., *Arab nationalism. An anthology*, Berkeley, Los Angeles, London, 21974, pp. 34-49). Intégrée dans une philosophie globale de la vie, la nation n'est pas, selon Arsûzî (*Al-mu'allafât al-kâmila*, III, *op. cit.*, pp. 5-15), une formation historique passagère, mais un sens subsistant dans le sens universel qui ordonne tous les êtres et qui est l'être même. Transcendant les vicissitudes du temps, la nation est une expérience de sympathie (raḥmâniyya) inscrite dans le tréfonds de l'être humain (*Al-mu'allafât al-kâmila*, IV, *op. cit.*, pp. 1-17).

Chapitre quatrième

Éventuelles contributions heideggeriennes à la pensée arabe contemporaine

1. Les chemins d'emprunt

Après avoir dégagé les dissemblances structurelles et les convergences thématiques qui, selon toute vraisemblance, peuvent affecter le rapport de la pensée arabe à la pensée heideggerienne, il devient désormais possible d'indiquer quelques possibilités de réception. En s'autorisant de l'élucidation des remarques préliminaires relatives au sens et aux limites de toute récetpion arabe de Heidegger, la conclusion de cette recherche devra pouvoir tenir compte des contraintes et réserves théoriques qu'imposent à une éventuelle réception philosophique arabe des acquis d'une telle comparaison.

Il va sans dire que cette conclusion ne vise pas à examiner les conditions théoriques inhérentes à une réelle réception. Son objectif principal consiste tout simplement à indiquer quelques possibilités d'emprunt et de greffe, et ce, sans chercher à savoir comment et dans quelle mesure ces propositions peuvent être validement et fructueusement intégrées et assimilées dans le corpus théorique de la pensée arabe. Et puisque Heidegger lui-même perçoit l'histoire de la pensée comme un mouvement discontinu d'échange et de réciprocité, et qu'il estime possible, à l'instar du croisement gréco-germanique, la genèse d'une réciprocité franco-allemande[80], il devient légitime, du point de vue philosophique, en

80 « Au demeurant, on méconnaîtrait totalement le type de méditation qui échoit aux peuples dans une compréhension philosophique authentique si l'on voulait se contenter de constatations ou de définitions superficielles des qualités de la pensée française par rapport à l'allemande ou même d'entreprendre un rapprochement par ce biais. Un tel procédé ne serait dans tous les cas qu'une manière d'éviter les questions essentielles concernant les éléments qui attendent d'être décidés, et surtout une manière de se dérober à la tâche la plus difficile, c'est-à-dire à la préparation d'un domaine de décidabilité ou de non-décidabilité des questions. Mais il ne faut pas non plus espérer que l'on puisse, à la manière des échanges de résultats scientifiques, emprunter les uns aux autres les interrogations philosophiques

toute fidélité aux impératifs propres aux deux pensées arabe et heideggerienne, d'amplifier le rapport d'ouverture et de le concrétiser par l'instauration d'un processus de pénétration et de fructification.

Si, conformément à l'esprit heideggerien de l'*Aussprache* et de l'*Auseinandersetzung*, ce processus doit nécessairement emprunter la voie de la confrontation et de l'explication, il convient dès lors de confier ces suggestions au débat philosophique qui anime la pensée arabe actuelle. Car il s'agit ultimement de chemins de rencontre qui, espère-t-on, peuvent mener quelque part dans la contrée illuminée de l'être, c'est-à-dire de la vérité ultime des choses.

Dans un souci de brièveté et de concentration, ce chapitre final de la première partie se borne à indiquer quatre possibilités d'emprunt, lesquelles possibilités correspondent à quatre thèmes majeurs qui, de l'aveu général, semblent préoccuper intensément la pensée arabe actuelle (l'identité de la pensée, l'identité de l'homme, le politique, la question de Dieu). Axé sur l'urgence incontournable de la renaissance, et affectant le dynamisme général de l'esprit arabe, le premier thème se rapporte à la pensée elle-même. En effet, l'approche heideggerienne de la pensée recèle des potentialités d'interrogation et de remise en question qui peuvent interpeller profondément la pensée arabe et l'aider à mieux se

---

et les concepts fondamentaux, et les compléter en conséquence. La compréhension, c'est ici aussi - et d'abord ici - le combat de la mise en question réciproque. Seule l'explication place chacun dans son domaine le plus propre, si toutefois l'on parvient à commencer et à soutenir cette explication, eu égard à ce déracinement qui menace l'Occident et qui pour être surmonté requiert l'engagement de chacun des peuples créateurs. La forme fondamentale de l'explication est le dialogue effectif des créateurs eux-mêmes dans une rencontre entre voisins. Seul un travail d'écriture qui s'enracine dans une telle explication peut être assuré de développer la compréhension et tendre à lui conférer la permanence. Lorsque nous méditons la grandeur possible et les critères de la 'culture' occidentale, nous pensons aussitôt au monde historial de l'aurore grecque. Et nous oublions tout aussi vite que les Grecs ne sont pas devenus ce qu'ils sont pour toujours par un isolement dans leur 'espace'. C'est seulement par l'explication la plus acharnée mais aussi la plus créatrice avec le monde qui était pour lui ce qu'il y a de plus étranger et de plus difficile - le monde asiatique - que ce peuple s'est élevé sur la courte voie de sa grandeur et de sa singularité historiales » (M. Heidegger, « Chemins d'explication », 1937, dans Cahier de L'Herne, *op. cit.*, pp. 76-77).

positionner par rapport à l'expérience historique concrète du monde arabe et de ses habitants.

2. Une pensée circonspecte et patiente

En termes d'identification et de détermination de la nature de la pensée et de sa vocation fondamentale, la contribution heideggerienne se laisse récapituler dans les trois motifs suivants : premièrement, le renoncement à l'acharnement philosophique fondé sur le calcul rationnel et la manipulation conceptuelle ; deuxièmement le souci d'ouverture à l'entièreté de la dimension ontologique de la réalité ; et troisièmement, le déploiement de la pensée sous forme de remémoration, d'interrogation[81] et d'appropriation de l'originalité inhérente au patrimoine de la pensée, en l'occurrence au patrimoine arabe. Originalité en vertu de laquelle se sont accomplies, au cours de l'histoire de la pensée arabe, les différentes approches et perceptions engendrées et conditionnées par l'existence historique du monde arabe.

Loin de la frénésie planétaire qui ne cesse d'envahir tous les secteurs de la culture humaine, la pensée arabe est appelée, sous la mouvance de l'interpellation heideggerienne, à œuvrer dans une triple attitude de piété révérentielle, de patience confiante, et de lucidité modeste. S'inscrivant en faux contre toute forme de rationalité technique de manipulation et contre toute forme d'arraisonnement utilitaire[82], la pensée arabe pourrait mieux percevoir l'identité et la différence des étants qui peuplent son univers en acceptant de se mettre authentiquement à l'écoute et au service de l'être. Sans devoir modifier par la force le visage de l'être, dans son équivoque de réserve et de parution, elle devrait

81 « L'interrogation est la piété de la pensée » (M. Heidegger, *Essais et conférences*, Gallimard, Paris, 1958, p. 48; *Vorträge und Aufsätze*, Neske, Pfüllingen, 1990, p. 40).

82 « La philosophie est le savoir, immédiatement inutile et toutefois souverain, de l'essence des choses. L'essence de l'étant reste toujours ce qui est le plus digne de question. Et dans la mesure où la philosophie ne fait que lutter sans relâche par son questionnement pour donner une appréciation de ce qui est le plus digne de question, et ne produit jamais en apparence de 'résultats', elle ne cesse de déconcerter la pensée axée sur le calcul et l'utilité » (M. Heidegger, « Chemins d'explication », 1937, dans Cahier de l'Herne, *op. cit.*, p. 74).

apprendre à s'émerveiller devant le déploiement spontané de la réalité.

En vertu de cet émerveillement, elle apprendra également à se situer par rapport à la totalité du réel qui, par sa diversité et sa complexité, transcende en quelque sorte toutes les perceptions et saisies partielles des sciences positives et humaines. Car cette pensée arabe ne deviendra authentique et salutaire que lorsqu'elle aura découvert que derrière les manifestations parcellaires de la réalité historique de l'homme s'ouvre une dimension inépuisable et interpellante de densité ontologique rebelle à toute récupération rationnelle.

Ce qu'il s'agit donc de mettre en relief, ce n'est pas tant l'immensité quantitative d'une telle dimension que la valeur unique de son statut de fondation. En effet, la pensée arabe devrait réapprendre à laisser les étants se fonder dans le sol approprié de leur déploiement ontologique. Si, par conséquent, les hommes et les choses, les objets et les phénomènes, les faits et les événements, les activités et les partages sont replacés non dans l'orbite d'une justification rationnelle, utilitaire ou idéologique, mais dans la perspective d'un avènement spontané (*Ereignis*) de donation originelle et gratuite[83], la pensée arabe sera davantage attentive à l'émergence d'une réalité humaine débordante de promesses et de potentialités. Il ne s'agit, cependant, pas de renoncer à la rationalité sous prétexte de vouloir recueillir les signes d'un nouvel avènement de la vérité. Il convient plutôt de respecter le libre déploiement des choses qui peuplent le monde arabe.

Loin de verser dans une simple théorie de la connaissance, l'ontologie fondamentale qui, dans le cheminement heideggerien, s'enquiert progressivement du sens, de la vérité, et de l'avènement

---

[83] Cet avènement de la vérité des choses, Heidegger le localise dans le déploiement de la parole poétique qui brise la monotonie de l'acquis habituel : « Mais le réel où nous plonge l'habitude du quotidien, n'est pas capable de maintenir ouvert l'Ouvert. Seul l'inhabituel peut faire que l'Ouvert s'éclaircisse, et cela parce que sa nature cachée est dans la rareté du simple où se cache à son tour la réalité de ce réel que l'habitude nous livre. L'inhabituel ne se laisse pas immédiatement rencontrer ni saisir dans l'habituel. L'inhabituel ne s'ouvre et n'ouvre l'Ouvert que dans la poésie (ou, séparée d'elle par un abîme, et à son heure, dans la 'pensée') » (M. Heidegger, *Approche de Hölderlin*, Gallimard, Paris, 1973, p. 131 ; *Erläuterungen zu Hölderlins Dichtung*, *GA* 4, 1981, p. 122).

de l'être, se transformera, sans aucune déformation moralisante, en une sotériologie anthropologique susceptible de restituer à l'homme sa véritable dimension ontologique.

Mais comme cette restitution ne peut s'accomplir que dans le sol natal de la pensée et dans la fidélité créatrice à la fibre communautaire de son déploiement historique, la pensée arabe est conviée à exhumer ses origines, son passé et sa tradition pour se les remémorer, les interroger et se les approprier dans un processus de désapprobation et de ré-approbation, de dé-construction[84] et de re-construction[85], de désintégration et de ré-intégration, d'expropriation et de ré-investissement. Et puisque toute la problématique de la pensée arabe actuelle relève de la nécessité impérieuse d'assumer le patrimoine propre de la culture arabe en déployant ses potentialités latentes, il devient urgent de reconsidérer ce qui s'inscrit en filigrane dans le modèle heideggerien de la pensée remémorante et questionnante. C'est justement cette dimension d'interpellation qui pourra fonder,

84 « Pour aller jusqu'aux 'choses mêmes' qui entrent en considération pour la philosophie, le chemin est long... . Il se pourrait bien que même les directions d'accès aux choses soient recouvertes et qu'il y ait besoin radicalement de débâtir pour bâtir à rebours, besoin d'une véritable explication, accomplie du même coup au sens de la philosophie elle-même, avec l'histoire que nous-mêmes 'sommes' » (M. Heidegger, *Wegmarken*, *GA* 9, Frankfurt, Klostermann, 1976, p. 28).

85 « La vieille ontologie (ainsi que les structures catégoriales qui en dérivent), doit être réformée de fond en comble - si du moins on prend au sérieux la nécessité de saisir et de conduire sa propre vie, au présent, dans ses intentions fondamentales. Notre philosophie n'est jamais parvenue au point qui lui permette de comprendre ce que les Grecs eux-mêmes, pour leur part, ont réalisé, pour ne nien dire du fait que nous sommes encore loin de pressentir ce que cela signifierait pour nous de réaliser la même chose - et rien que cela. Et cela ne signifie absolument pas: remettre au goût du jour Platon ou Aristote ou s'enflammer pour l'Antiquité classique et faire des sermons pour souligner que les Grecs savaient déjà ce qui est important. Nous avons besoin d'une critique de l'ontologie du passé qui plonge jusqu'à ses racines dans la philosophie grecque... Or cette critique requiert elle-même une compréhension principielle des problèmes 'réels' des Grecs à partir des motifs de leur démarche et de leur mode d'accès au monde, en fonction de la manière qui était la leur d'aborder les objets et de la manière dont ils ont élaboré leurs concepts d'après cela » (M. Heidegger, « Lettre du 27 juin 1922 à Karl Jaspers », dans Biemel/Saner (éd.), *M. Heidegger, K. Jaspers, Briefwechsel 1920-1963*, Frankfurt, Klostermann, 1990, p. 27).

stimuler et orienter la dynamique restauratrice de la pensée arabe actuelle.

3. L'anthropologie ontologique

Il est incontestable que l'entreprise heideggerienne véhicule, quoique implicitement, un projet de réhabilitation de toute l'anthropologie occidentale[86]. Selon les impératifs de ce projet, l'homme n'est plus perçu dans l'isolement de son égoïté réflexive, ni dans l'hégémonie de sa subjectivité manipulatrice, ni non plus dans la frénésie de sa rationalité calculatrice. Bien au contraire, l'humanité de l'homme est réintégrée dans le sol natal de la vérité de l'être. À partir de son inscription existentiale, l'homme devient l'être-là, le « là » de l'être, le lieu par excellence où se révèle et se saisit la vérité de l'être[87].

En tant que berger de l'être, l'homme opte pour une proximité ontologique avec l'essence des choses. Trois motifs majeurs

---

86 Même si Heidegger récuse la perception métaphysique de l'anthropologie (« L'anthropologie est une interprétation de l'homme qui, au fond, sait déjà ce qu'est l'homme et ne peut par conséquent jamais se demander qui est l'homme. Par une telle façon de poser la question, elle devrait en effet se reconnaître elle-même comme ébranlée et dépassée », Heidegger, *Chemins qui ne mènent nulle part*, *op. cit.*, p. 145; *Holzwege*, *op. cit.*, p. 111), il demeure persuadé que « la pensée philosophique authentique ne pourra vraiment découvrir la question de l'être, que si cette question s'intègre à l'essence intime de la philosophie, qui elle-même n'existe que sous la forme d'une possibilité fondamentale de l'homme » (M. Heidegger, *Kant et le problème de la métaphysique*, Gallimard, Paris, 1953, p. 281; *Kant und das Problem der Metaphysik*, *GA* 3, Frankfurt, Klostermann, 1977, p. 225). Voulant proposer une appréciation équitable de l'ontologie heideggerienne, E. Lévinas reconnaît que le mérite de cette approche consiste justement dans l'élargissement du champ conceptuel et son insertion dans l'horizon plus vaste de la quotidienneté : « La compréhension de l'être ne suppose pas seulement une attitude théorique, mais tout le comportement humain.Tout l'homme est ontologie » (E. Lévinas, « L'ontologie est-elle fondamentale? », dans *Entre nous. Essais sur le penser à l'autre*, Grasset, Paris, 1991, pp. 13-14).

87 Avant d'engager une nouvelle réflexion sur l'homme, Heidegger affirme que l'essence de l'homme nous demeure à jamais énigmatique (M. Heidegger, *Essais et conférences*, *op. cit.*, p. 36; *Vorträge und Aufsätze*, p. 31), et que la nécessité d'assumer et de réaliser une fondation plus originelle de cette 'incontournable' essence devient de plus en plus urgente (M. Heidegger, *Nietzsche*, I, Gallimard, Paris, 1971, p. 419; *Nietzsches Lehre vom Willen zur Macht als Erkenntnis*, *GA* 47, Frankfurt, Klosterman, 1989, p. 107).

conditionnent le statut de ce berger, à savoir la mondanéité, la temporalité et l'historialité. Grâce à ces trois ouvertures « ekstatiques »[88], l'homme se trouve à même de reconquérir son authenticité et sa véritable mission. Et dans la mesure où la pensée arabe actuelle assimilera convenablement ces trois motifs, en les adaptant et en les appliquant à la réalité du monde arabe, elle pourra faire fructifier et rendre salutaire l'emprunt qu'elle aura opéré dans le corpus heideggerien.

En effet, cette pensée arabe qui cherche son identité est singulièrement conviée à réintégrer dans sa perception de l'homme les notions fondamentales de la mondanéité, de la temporalité et de l'historialité. S'inscrivant en faux contre toute approche désincarnée de l'homme, la pensée doit pouvoir aborder l'homme dans l'entrelacement et l'enchevêtrement de ces trois catégories.

L'homme est un être inséré dans le monde, situé dans le temps et intégré au mouvement de l'histoire. En dehors de ces trois enracinements, l'humanité de l'homme s'étiolerait dans une déroute nihiliste. À cet égard, il convient de se rappeler que, dans l'entreprise heideggerienne, le monde est l'ouverture de l'homme à l'avènement de la vérité de l'être, le temps est l'horizon illimité de cet avènement, et l'histoire le lieu de déploiement et de déroulement de ce même avènement. Il s'ensuit que la pensée arabe est vivement sollicitée pour « mondaniser », « temporaliser » et « historialiser » ses perceptions de l'homme et les catégories par lesquelles elle entend lui assigner son identité et sa mission.

En insérant l'homme dans le monde (« mondaniser »), cette pensée pourrait dépasser le blocage cognitif de la subjectivité qui s'assujettit le monde et l'objective en l'enfermant dans les catégories de sa rationalité ipséiste. Le dépassement de cette fracture rétablit la communion initiale qui existe entre l'homme et son expérience immédiate du monde. Une étroite corrélation d'intime réciprocité s'institue ainsi entre les attentes de l'homme et les défis du monde. Par là est restituée une complicité originelle entre le monde intérieur de l'homme et son monde extérieur, entre

---

88 Ek-statique, car « l'homme est un être éternellement au-dehors-de-lui-même-vers... (*ein ewiges Hinaus-zu...*) » (M. Heidegger, *Prolegomena zur Geschichte des Zeitbegriffs*, *op. cit.*, p. 181).

l'homme en tant que co-producteur du monde, et le monde en tant que l'œuvre de cette co-production.

En situant l'homme dans le temps (« temporaliser »), cette pensée arabe pourrait surmonter la rigidité des dépositions conceptuelles métaphysiques et vaincre la prétendue immuabilité des circonscriptions catégorielles. Lesquelles visent ultimement à enfermer l'identité de l'homme dans les décrets de l'instant prédominant. Si la temporalité constitue le sens ultime du souci ontologique de l'homme, c'est justement parce qu'elle comporte dans ses interstices les moins visibles les marques de l'épreuve humaine, et ce, dans toute l'étendue de ses implications existentielles.

En réalité, la temporalité, perçue en tant qu'énergie de déploiement et en tant que dynamique d'anticipation, permet à l'homme de se soustraire à toute forme de sclérose ontique et d'immobilisme chosifiant, car elle le libère de l'emprise du présent et ouvre son être à l'avènement de son propre avenir. En d'autres termes, l'insertion temporelle permet à l'homme de se déchiffrer sans cesse dans l'horizon de l'émergence future de sa propre essence[89]. Ce qui implique que l'identité de l'homme n'est jamais arrêtée une fois pour toutes. Ce qui implique aussi que cette identité se déploie et se réalise dans un processus historique d'interpénétration et d'interaction qui habilite l'homme à accueillir, à assimiler et à intégrer à son essence les différents apports issus de l'épreuve existentielle de l'être. Le surcroît imprévu d'une nouvelle éclaircie ontologique s'agrège ainsi à cette épreuve pour l'enrichir et l'inscrire dans l'avènement inédit de l'être fondamental de l'homme.

En intégrant l'homme au mouvement de l'histoire (« historialiser »), cette même pensée arabe pourrait replacer la productivité humaine, dans toute l'ampleur et la diversité de ses gammes, dans l'orbite de l'harmonie initiale qui engage l'être et les

89 Dans un tout autre registre philosophique, la détermination de l'avenir peut affecter toute la perception humaine du monde : « Quels que soient les codes proto- ou métalinguistiques d'autres espèces (...), l'homme est le seul à avoir élaboré une grammaire du futur (...). À un niveau très profond, cette grammaire a présidé au développement de l'homme qu'on peut définir comme un mammifère qui emploie le futur du verbe être » (G. Steiner, *Après Babel. Une poétique du dire et de la traduction*, Paris, 1978, p. 156).

étants dans une réciprocité dynamique de voilement et de dévoilement, de retrait et de manifestation. Une telle réinsertion historique, ou même historiale, s'avère d'autant plus salutaire que l'histoire heideggerienne s'annonce comme le lieu de révélation des injonctions de l'être et comme l'horizon de vérification de ses propres envois destinaux.

Si l'être livre discrètement son secret dans le déroulement tantôt serein, tantôt mouvementé de l'histoire, il convient dès lors que l'homme, dans l'œuvre de ses mains, épouse pieusement les contours de ce long et pénible cheminement historique qui le conduit au cœur de son essence et au cœur de l'essence de tous les étants qui peuplent l'univers. L'histoire devient alors pour l'homme une sorte de dynamique restauratrice qui le restitue à la vérité de l'être. Car, en dernière analyse, c'est au sein de l'histoire humaine, et non en dehors d'elle ou à côté d'elle, que se joue et se décide l'oubli ou la remémoration de l'être, l'égarement ou le rétablissement de l'homme. Réceptacle des modes de manifestation et d'occultation de la vérité de l'être, c'est-à-dire de la vérité de tout ce qui se déploie dans l'immensité incalculable du cosmos, l'histoire devient fatalement cette voie royale susceptible d'ouvrir à l'homme l'accès aux profondeurs lointaines de son être[90].

4. De la politique de la domination au politique de l'harmonisation

La troisième greffe que la pensée arabe actuelle est conviée à opérer se situe dans l'approche heideggerienne de la cité humaine. Occupant une place prépondérante dans la conscience arabe collective, la politique, en tant que concept englobant et en tant que praxis historique, gagnerait à recueillir l'interpellation heideggerienne pour en faire un motif critique de régénération. Si l'exigence de l'interrogation radicale gît au cœur de cette interpellation, c'est justement parce que la pensée politique heideggerienne quitte le lieu de la simple constatation et

---

90 La deuxième partie de cet ouvrage entend dévoiler le soubassement ontologique de cette « anthropologie » soucieuse de l'être de l'homme. Cependant, les limites d'une telle perspective ontologique pourront être mieux mises en relief dans la mesure où les analyses montreront le caractère énigmatique et évanescent de cette refondation.

abandonne la surface du traitement événementiel pour prendre le chemin, sinueux et périlleux, de la fondation ontologique.

Récusant les relents métaphysiques qui affectent la conception politique moderne fondée sur la centralité de l'hégémonie rationnelle du sujet, la pensée heideggerienne n'entend nullement identifier l'essence du politique à l'État moderne, ni même à la constitution, ni non plus aux institutions sociales ou aux rapports institutionnalisés entre ami et ennemi. Se déterminant à partir de la *polis* grecque[91] et de sa texture interne, le politique heideggerien, schématiquement esquissé, s'avère être le mode d'assomption collective propre à l'inscription historique de la vérité de l'être dans l'horizon de la cité humaine. Cependant, l'identité de cette cité doit impérativement s'aligner sur les caractéristiques fondamentales qui marquent la *polis* grecque, laquelle *polis* permet à la communauté humaine de vivre sa propre expérience de l'être[92].

Ainsi la cité s'avère comme la *technè*, la technique de la vérité, l'art de son avènement au milieu de l'existence historique d'un peuple. En d'autres termes, le politique heideggerien, ainsi réhabilité, devient le lieu privilégié où l'homme est invité à assumer l'art (*technè*) selon lequel la vérité est façonnée à l'aune de la vie communautaire. Si, donc, l'homme pressent la totalité de l'étant dans l'expérience collective de la cité humaine, c'est parce que, selon la pensée heideggerienne, il se déploie entre l'être et la *polis* une relation originelle de proximité[93].

En vertu de cette relation, le politique heideggerien pourrait interpeller la pensée arabe actuelle de diverses manières. Le

---

91 « On peut supposer que le 'politique' et la polis se trouveraient en intime corrélation. La quesiton demeure cependant de savoir comment cette corrélation doit être pensée à l'avance. Manifestement le 'politique' est ce qui appartient à la polis et, partant, se détermine à partir de la *polis.* Mais justement pas l'inverse (...). La *polis* ne se laisse point déterminer 'politiquement'. La *polis*, et justement elle, n'est pas un concept 'politique' » (M. Heidegger, *Hölderlins Hymne « Der Ister »*, *GA* 53, Frankfurt, Klostermann, 1984).

92 « La *polis* est la manière dont l'être de l'étant se conjugue, par son décèlement et son cèlement, en un lieu où l'histoire d'une communauté reste rassemblée » (M. Heidegger, *Parmenides*, *GA* 54, Frankfurt, Klostermann, 1982, p. 142).

93 « La *polis* est essentiellement référée à l'être des étants. Entre *polis* et être règne une relation originaire » (M. Heidegger, *Parmenides*, *op. cit.*, p. 133; voir aussi Heidegger, *Hölderlins Hymne « Der Ister »*, *op. cit.*, p. 100).

chapitre final de cette première partie se borne à indiquer trois modes ou bien trois lieux d'interpellation. Le premier lieu d'interpellation se situe au niveau de la vocation générale de la cité humaine. Ainsi la réhabilitation du politique heideggerien pourrait-elle rappeler à la pensée arabe que la véritable politique, loin de se réduire à une simple gestion sectorielle de la vie communautaire, est avant tout la prise en charge, concertée et collectivement assumée, de l'avènement de la vérité des étants dans l'existence historique du peuple. Une politique soucieuse de la totalité des étants s'inscrit plus fidèlement dans la trame du déploiement ontologique propre à chaque législation élaborée et à chaque œuvre accomplie dans l'enceinte de la cité humaine.

Sans devoir procéder à une « politisation » excessive de l'existence humaine, individuelle et collective, il s'agit essentiellement de restituer dans la pensée politique arabe cette dimension ontologique, souvent occultée ou méprisée, qui réintègre toute activité politique dans l'horizon de la dynamique même de la vérité, perçue comme une alternance « ludique » de voilement et de dévoilement. Ce qui, dans une application spécifique au champ politique, pourrait s'exprimer par une attitude d'extrême circonspection vis-à-vis de la réserve ontologique inhérente à la nature des choses et des étants, des faits et des événements, des rapports et des structures sur lesquels s'exerce l'activité politique.

Si cette alternance « ludique » indique qu'il existe immanquablement dans chaque étant une part rebelle à toute manipulation technique, toute activité politique devrait par conséquent s'abstenir de réduire aux dimensions restreintes de son propre projet d'exploitation les étants qui peuplent l'univers de la cité humaine.

Articulé autour de la vocation destinale du peuple, le deuxième lieu d'interpellation se laisse repérer dans la dimension communautaire de l'œuvre politique. Conçue comme une forme de contestation et d'engagement contre l'exclusion systématique et le bannissement prémédité de la communauté du peuple dans la politique arabe, cette greffe rectificative du politique heideggerien pourrait exhorter la pensée politique arabe à réhabiliter le statut de la communauté. Fragilisée d'ailleurs dans ses deux versants théorique et pratique, la pensée politique arabe doit donc apprendre à renforcer le statut fondateur de la communauté sous le mode de la participation à l'insigne responsabilité d'accueillir et de gérer le déploiement de la vérité de l'être dans l'épreuve historique de la quotidienneté collective.

En réalité, une réhabilitation radicale et authentique du politique arabe ne peut s'accomplir que par la réintégration de la communauté du peuple dans la configuration globale de la cité. Au lieu de se ravaler au niveau d'une masse impotente que le pouvoir idéologique façonne et manipule à souhait, la communauté du peuple assume un rôle décisif dans la construction de la cité humaine et dans l'élaboration et l'affinement de sa vocation historiale.

Une telle responsabilité doit se situer bien au-delà d'une simple démocratisation technique. Laquelle consiste à favoriser une participation anonyme, uniformisante et, partant, inégale à l'émergence de la décision politique. Participation qui, le plus souvent, se trouve dictée par un antagonisme latent d'intérêts et de visées hégémoniques. En d'autres termes, il s'agit ultimement de confier au peuple la responsabilité d'aménager le lieu approprié à l'éclosion de la vérité de l'être. C'est-à-dire de veiller continuellement sur le maintien de son éclaircie. Par son action vigilante, le peuple devient ainsi l'artisan de sa destinée, le propriétaire de sa vocation, et le décréteur de ses propres lois.

Fondé dans l'impérieuse exigence de conformation à la vocation du peuple, le troisième lieu d'interpellation se laisse dévoiler dans les différentes modalités d'exercice de la responsabilité confiée à la communauté. De même que l'ouverture à l'accueil des choses et des étants dans la vérité de leur essence s'accomplit dans l'écoute vigilante et la prudence éveillée, de même la prise en charge de ces étants et la gestion de leurs rapports ne peuvent avoir lieu que dans l'accompagnement respectueux et l'attention prévenante aux multiples injonctions qui émanent de leur propre être.

Étant donné que les étants qui peuplent l'existence historique de la cité offrent chacun un profil singulier qui véhicule un certain nombre d'exigences et de revendications inhérentes à sa nature, il n'est plus admissible de gérer la cité dans la domination et la manipulation. Chaque étant requiert un traitement de faveur que devraient dicter, non pas les impératifs d'une rationalité utilitariste, de facture subjectiviste ou collectiviste, mais plutôt les sobres interpellations discrètement inscrites dans les replis les plus cachés et les plus intimes de son être.

C'est dire que le politique heideggerien[94] recèle un potentiel rectificatif, voire un remède capable de lutter contre les dérives du despotisme politique qui, sous le couvert d'une sublimation nationaliste ou idéologique, sévit impitoyablement dans les pays du monde arabe. Cependant, la condition d'un tel assainissement relève d'une sage intelligence du statut du pouvoir politique. La cité arabe aura tout intérêt à reconsidérer la procédure d'attribution de ce pouvoir. Au lieu qu'une subjectivité despotique se l'arrache avec violence, il faudra le refonder dans le consensus de la communauté. Lequel inculque à chaque citoyen de se soumettre à la manière dont la vérité des choses s'ouvre devant lui. Le pouvoir n'émanera plus de la volonté d'un souverain omnipotent, mais plutôt de la volonté d'une communauté soucieuse d'appartenir au monde de sa polis. C'est-à-dire à ces différents lieux d'avènement de la vérité des choses qui peuplent l'unviers quotidien des citoyens.

5. La théologie du dernier Dieu ou du Dieu divin

La quatrième et dernière greffe se localise, à dessein, dans l'orbite d'une réflexion théologique sur l'expérience de Dieu. Ce choix se laisse justifier par un fait socio-culturel majeur, à savoir l'imprégnation du sol oriental arabe par les multiples manifestations du divin. À cela s'ajoute, en corollaire, la place prépondérante qu'occupe la pensée de Dieu dans la conscience et dans la réalité du monde arabe. Ce qui veut dire concrètement qu'en matière d'emprunt théologique, le terrain arabe s'avère singulièrement perméable. Mais cette perméabilité n'est nullement compromise par la crainte révérentielle que provoque tout ce qui se rapporte aux réalités divines. Laquelle crainte peut se métamorphoser en une sorte de fanatisme d'interdiction et d'exclusion.

---

94 Cf. M. Aoun, *La* polis *heideggerienne, lieu de réconciliation de l'être et du politique*, Altenberge (Allemagne), Oros Verlag, 1996.

Mais avant de dégager l'interpellation théologique que la pensée heideggerienne serait susceptible d'adresser à la pensée arabe actuelle, il convient de se rappeler qu'entre l'être et Dieu règne, dans les écrits de Heidegger, une lourde et insistante ambiguïté qu'il semble toujours périlleux de lever[95]. Elle est vraisemblablement provoquée par l'embarras et l'indécision dans lesquelles se trouvent la pensée heideggerienne. Pensée soucieuse d'aménager au divin un lieu de révélation au sein de la configuration destinale de la pensée de l'être.

En d'autres termes, les trois thèses susceptibles de discerner et d'ordonnancer les rapports qui se peuvent déployer entre l'être et Dieu, ne semblent guère satisfaire l'impératif ontologique de la pensée heideggerienne. Car, aussi étonnant que cela puisse paraître, Heidegger n'a jamais inconditionnellement approuvé que l'être ait besoin de Dieu[96] (thèse de l'onto-théologie métaphysique), ni que Dieu ait besoin de l'être[97] (thèse de l'ontologie dé-divinisée ou dé-théologisée), ni non plus que l'être et Dieu soient complètement dissociés l'un de l'autre[98], se déployant dans des sphères

---

95 Heidegger introduit une différence de taille dans la terminologie du divin. Alors que le penseur « pense l'Être », le poète, lui, « nomme le Sacré » (voir H. Birault, *De l'Être, du divin et des dieux*, Paris, Cerf, 2005).

96 « Le *Seyn* [*sic*] parvient seulement à sa grandeur lorsqu'il est reconnu comme celui-là dont le dieu des dieux et toute divinisation ont besoin » (M. Heidegger, *Beiträge zur Philosophie*, *op. cit.*, p. 243).

97 « Si j'écrivais encore une théologie, disait Heidegger, ce que parfois je suis tenté de faire, l'expression 'être' ne devrait pas y figurer », car « la foi n'a nulle besoin de la pensée de l'être. Quand elle l'utilise elle n'est déjà plus la foi. C'est ce que Luther a compris, même si à l'intérieur de sa propre Église, on feint de l'oublier. Quant à la capacité de l'être de penser théologiquement l'essence de Dieu, ma pensée est très réservée. Avec l'être, il n'y a ici aucune perspective. Je crois que l'être ne peut jamais être pensé comme fondement (*Grund*) et comme essence (*Wesen*) de Dieu mais que cependant l'expérience de Dieu et de sa manifestation (pour autant qu'elle vienne à la rencontre de l'homme) se produit dans la dimension de l'être, ce qui ne veut aucunement dire que l'être puisse être tenu pour un prédicat possible de Dieu. Ici devraient s'établir des distinctions et des délimitations toutes nouvelles » (*Dialogue avec Martin Heidegger*, le 6 novembre 1951, Zurich, dans R. Kearney et J. S. O'Leary (dir.), *Heidegger et la question de Dieu*, Grasset, Paris, 1980, p. 334; *Aussprache mit Martin Heidegger an 06-XI-1951*, Vortragsausschuss der Studentenschaft der Universität Zürich, 1952).

98 Cette dissociation est d'autant plus problématique que Heidegger se permet de parler du dieu de l'être : « L'on ne sait ni l'on n'ose tenter cet autre qui sera l'Unique à l'avenir, parce que déjà il développe son être dans le premier

absolument séparées et étanches[99] (thèse de l'athéisme agnostique propre à l'ère de la technique planétaire).

Pour nuancer cette triple assertion, il convient de rappeler que Heidegger n'a jamais abordé explicitement la question de la différence que l'on a coutume d'inscrire entre le dieu des philosophes et le dieu de la révélation. Même si sa perception de Dieu s'autorise plutôt d'une approche poétique de la déité du sacré, il n'est nullement certain que cette perception entende s'opposer radicalement à l'expérience religieuse relative à la manifestation historique de Dieu.

En somme, la pensée heideggerienne oscille entre la reconnaissance d'une théologie non conceptuelle destinée à assurer le salut de l'homme[100], et l'identification poétique d'une divinité lointaine qui transcende tous les dieux en ajournant indéfiniment l'échéance de son ultime révélation[101]. Entre ces deux pôles peut s'inscrire, comme en filigrane, l'interpellation critique que la pensée heideggerienne pourrait adresser à toute pensée humaine désireuse

---

commencement de notre histoire, quoique non fondé : la vérité de l'Être - l'instance en elle, à partir de laquelle exclusivement le monde et la terre luttent pour leur essence en faveur de l'homme tandis que celui-ci, dans semblable lutte, éprouve la réplique de son essence au dieu de l'Être » (M. Heidegger, *Nietzsche*, II, Gallimard, Paris, 1971, p. 26). Dans la *Lettre sur l'humanisme* (M. Heidegger, *Questions III-IV*, Gallimard, Paris, 1990, p. 112; *Wegmarken*, *GA* 9, Frankfurt, Klostermann, 1976, p. 351), Heidegger tente de cerner le rapport qui existe entre l'être et Dieu : « Ce n'est qu'à partir de la vérité de l'être que se laisse penser l'essence du sacré. Ce n'est qu'à partir de l'essence du sacré que se laisse penser l'essence de la déité (*Gottheit*). Ce n'est qu'à la lumière de la déité que peut être nommé et pensé ce que le mot „dieu" doit nommer ».

99 « La recherche philosophique est et demeure de l'athéisme, et c'est ainsi qu'elle peut satisfaire à 'l'exigence de la pensée' (*Anmassung des Denkens*) » (M. Heidegger, *Prolegomena zur Geschichte des Zeitbegriffs*, *op. cit.*, pp. 109-110).

100 Dans sa volumineuse étude sur Nietzsche, Heidegger perçoit le christianisme comme une religion qui implique une vérité de salut et offre à l'âme singulière une assurance de rédemption (M. Heidegger, *Nietzsche*, II, *op. cit.*, p. 132).

101 « Quand le poète fait l'économie du mot 'les dieux' et dit le nom de façon plus hésitante, le propre des dieux : qu'ils sont ceux qui saluent, ceux en qui la clarté salue - en vient à luire davantage » (M. Heidegger, *Approche de Hölderlin*, Gallimard, Paris, 1973, p. 25; *Erläuterungen zu Hölderlins Dichtung*, *GA* 4, 1981, p. 20). Voir l'intéressante étude de J.-F. Mattéi, *Heidegger et Hölderlin. Le Quadriparti*, Paris, Presses Universitaires de France, 2001.

de rendre compte de son expérience de Dieu et de l'exprimer dans un langage cohérent, pertinent et communicable.

Conjuguée au retrait du dernier Dieu[102], la multiplicité des dieux pourrait être transposée dans le registre du pluralisme religieux. Elle pourrait aussi être traduite dans celui de la diversité inhérente à l'herméneutique de l'expérience religieuse du divin. Si les dieux heideggeriens s'interposent entre les hommes et le dernier Dieu, c'est, semble-t-il, parce qu'ils peuvent représenter des chemins qui mènent dans la contrée qui abrite le retrait divin. En vertu de leur statut intermédiaire, ils permettent aux hommes de percevoir et de vivre leur expérience religieuse en tant qu'ouverture plurielle et multiforme aux appels émanant de l'absence de Dieu.

Loin d'adhérer à la philosophie de la mort de Dieu[103], la pensée heideggerienne conçoit l'absence de Dieu comme la condition indispensable qui rend paradoxalement possible l'expérience religieuse de l'homme. Signes présents de l'absence de Dieu, les dieux cautionnent la légitimité des approches plurielles de la divinité. En effet, en se retirant derrière les dieux[104], modalités accessibles de sa manifestation, le dernier Dieu libère l'expérience religieuse d'une lourde tentation mortelle. Celle qui entraîne l'homme à s'exposer immédiatement et dans la nudité la plus extrême à l'incandescence éblouissante de la lumière envahissante de sa présence divine.

En d'autres termes, la pensée heideggerienne révèle le paradoxe propre à toute expérience religieuse. Grâce à l'absence de Dieu,

---

102 N'ayant aucune preuve sur Dieu, l'homme doit admettre que Dieu « n'entre en présence qu'en disparaissant dans le retrait » (M. Heidegger, *Approche de Hölderlin*, *op. cit.*, p. 221; *Erläuterungen zu Hölderlins Dichtung*, *op. cit.*, pp. 169-170).

103 Certains interprètes mettent en relief l'influence de la foi catholique sur le jeune Heidegger : « Le vrai point de départ du texte heideggerien n'est pas la Forêt noire, mais l'élément catholique » (D. Thomä, *Die Zeit des Selbst und die Zeit danach. Zur Kritik der Textgeschichte Martin Heideggers 1910-1976*, *op. cit.*, p. 35). D'autres interprètes contestent le caractère théologique attribué aux écrits de jeunesse (voir Th. Kisiel, « War der frühe Heidegger tatsächlich ein 'Christlicher Theologe' ? », in A. M. Gethmann-Siefert (éd.), *Philosophie und Poesie* (Festschrift Otto Pöggeler), t. 2, Stuttgart, 1988).

104 « Avec la religiosité, Heidegger laisse entendre que le rapport aux dieux s'exténue dans le sentiment religieux de la même façon sans doute que l'art expire lorsqu'il n'a plus d'autre demeure que l'émotion esthétique » (H. Birault, *De l'Être, du divin et des dieux*, op. cit., p. 527).

l'homme peut vivre l'aventure de la foi et de l'ouverture aux appels de la divinité. Les dieux heideggeriens transforment donc le polythéisme de la gigantomachie grecque en une sorte de polysémie herméneutique de la diversité religieuse. Toute approche contextuelle de Dieu devient, dès lors, une possibilité d'ouverture à l'absence de Dieu. Plutôt une tentative d'accueil des messages d'authenticité qui proviennent secrètement de la contrée lointaine de ce retrait.

Le retrait du dernier Dieu ou du Dieu divin garantit, en quelque sorte, et l'altérité de Dieu et la relative autonomie de l'homme. Ce qui signifie que, dans la mesure où le dernier Dieu ne s'identifie pas, même analogiquement, à l'être, l'homme se trouve mieux à même de se dire en vérité. Homme capable de déployer son propre être, et l'être des étants qui l'environnent, dans toute l'étendue de sa spécificité et dans toute l'ampleur de son autonomie. L'absence de Dieu, c'est-à-dire le renoncement de Dieu à posséder fusionnellement l'être ou à être fusionnellement possédé par l'être, s'acquitte ainsi d'une noble mission. Elle fonde une double altérité, celle, ontologique, des étants en totalité et de l'être lui-même, et celle, théologique, du dernier Dieu[105]. Toutefois, cet acte de fondation s'accomplit destinalement et non métaphysiquement, c'est-à-dire non sur le mode de la causalité ontique, mais dans l'éclosion d'une donation gratuite.

La question reste cependant entière de savoir si et comment la pensée arabe peut cultiver, après Heidegger, une théologie méta-ontologique qui dissocie Dieu et l'être et leur préserve en même temps un espace de proximité. Pour surmonter le dilemme qui ne cesse de hanter l'esprit humain (ou bien Dieu avec l'être, ou bien

---

105 En raison de cette multiplicité des dieux qui s'empressent de peupler la terre des hommes, J.-L. Marion reproche à Heidegger une tendance à l'idolâtrie. Mais, prenant en considération l'ouverture heiedeggerienne, l'auteur de *Dieu sans l'être* (Paris, PUF, 1991, p. 316) propose une autre voie d'expérience de la présence divine. Voie qui consiste à penser Dieu à partir de lui-même en tant qu'acte de donation, c'est-à-dire en tant qu'amour absolu et don de soi. Il n'est, cependant, pas sans intérêt de comparer cette requête de précaution à celle que Heidegger impose à la pensée qui, à présent, doit penser l'être à partir de lui-même, et non en partant des étants. Ce que Heidegger impose à la pensée de l'être en termes de vigilance, de discrétion et de révérence presque apophatique, semble ne pas être respecté lorsqu'il tente, lui-même, de penser Dieu. J.-L. Marion, quant à lui, observe la retenue heideggerienne, mais l'applique ailleurs, c'est-à-dire exclusivement à la pensée de Dieu.

Dieu sans l'être), il importe de réexaminer la signification réelle de l'expérience humaine de Dieu et de l'expérience humaine de l'être. Dans les deux cas, l'objet de l'expérience, semble-t-il, dépasse de loin l'entendement humain.

Ce dépassement fonde paradoxalement la quête philosophique. Mais il révèle également les limites du discours rationnel. Ce qui explique d'ailleurs le recours au langage poétique et mystique pour exprimer dans l'approche heideggerienne de l'être et de Dieu ce qui peut éclore dans l'épreuve de la sérénité pensante de l'étant humain.

Si Dieu ne doit être réduit ni à la dimension de l'être (contre l'auto-divinisation immanente de l'être) ni à la mesure de l'étant, fût-il suprême (contre l'idolâtrie de l'onto-théologie métaphysique), et si l'être ne peut se déployer dans toute l'étendue de sa vérité sans abriter en lui le sacré[106] qui fait signe et renvoie, par l'entremise des dieux, au retrait du dernier Dieu et à l'absence du Dieu divin[107], il faut que l'homme invente un autre langage pour pouvoir, ne serait-ce qu'à titre de balbutiement évasif, rendre compte de sa propre expérience de Dieu[108].

Le langage du dernier Heidegger est résolument mystique. Dans l'épreuve de l'intériorité authentique peut ainsi s'annoncer une ouverture de proximité susceptible de laisser se révéler le visage indicible de la gratuité divine.

Si, par conséquent, la pensée arabe contemporaine souhaite bénéficier de l'apport heideggerien, elle devra convertir son langage religieux. Au sens de le plier aux exigences d'une expérience de Dieu fondée symboliquement dans le retrait du dernier Dieu et dans l'absence du Dieu divin. Moments

---

106 « La détresse en tant que détresse nous montre la trace du salut. Le salut évoque le sacré. Le sacré relie le divin. Le divin avoisine le dieu » (M. Heidegger, *Chemins qui ne mènent nulle part*, *op. cit.*, p. 384; *Holzwege*, p. 319).

107 « Le sacré apparaît. Mais le dieu reste au loin » (Heidegger, *Approche de Hölderlin*, *op. cit.*, p. 34; *Erläuterungen zu Hölderlins Dichtung*, *op. cit.*, pp. 34). C'est vraisemblablement le sens caché de cette déclaration quelque peu surprenante de Heidegger au crépuscule de sa vie: « Seulement un Dieu peut encore nous sauver » (M. Heidegger, *Réponses et questions...*, *op. cit.*, p. 49).

108 Selon Heidegger, Hölderlin a pu entrevoir une autre pensée de Dieu, entièrement différente de celle défendue par la métaphysique onto-théologique de la philosophie occidentale (voir M. Heidegger, *Beiträge zur Philosophie*, *op. cit.*, p. 204).

symboliques qui expriment le respect de son altérité absolue et de son indicibilité irrémédiable, traits distinctifs de sa manifestation dans l'intime intériorité de l'expérience religieuse de l'homme. Ce faisant, cette même pensée pourra libérer l'existence historique du monde arabe d'une multitude d'entraves idéologiques qui s'autorisent injustement d'une fondation référentielle théologique, monolithique et exclusive.

Dans la mesure où la pluralité des dieux heideggeriens garantit le pluralisme des expériences religieuses et soustrait le Dieu divin à l'accaparement réducteur des systèmes religieux et philosophiques, la pensée religieuse de l'homme s'ouvre dans le monde arabe à l'avènement d'une absence qui se fait discrètement présence d'interpellation et de gratuité. Par là, Dieu peut se libérer d'une conceptualisation séculaire qui a réussi à l'enfermer dans l'étroitesse d'une rationalité calculatrice. Laquelle ne cesse d'imposer à l'intelligence du mystère divin toutes ces catégories de causalité et de subsistance, d'analogie et d'inclusion, de fondation et d'achèvement, de cohérence et de pertinence, d'identité et de différence.

En dernière analyse, tout discours humain sur Dieu, fût-il le discours de la révélation, doit renoncer définitivement à l'illusion de retrouver le roc d'une certitude rationnelle inébranlable. L'expérience de Dieu demeure susceptible d'une foule d'expressions. Si, dans la perspective heideggerienne, l'usage de la raison doit céder la place à l'inspiration poétique et mystique, la description de l'expérience spirituelle, si singulière soit-elle, ne devra cependant pas transgresser les lois de la lisibilité et de la communicabilité.

Au lieu de s'acharner à dire Dieu en lui-même, il faudra également apprendre à en recueillir les signes diversement prodigués. Chacun infléchira ce qu'il ressent et éprouve dans le sens de sa personnalité et de sa culture. Le discours ontologique sur l'essence même de Dieu sera ainsi relégué à l'arrière-plan.

Au lieu de conduire la pensée à l'impasse du pluralisme, une telle ouverture lui permettra, au contraire, de baliser le chemin de la quête en se dotant d'un véritable esprit de tolérance et d'attente patiente. Il restera à définir les critères d'authenticité d'une telle expérience religieuse. Deux indices pourront être fournis, à savoir l'entente herméneutique portant sur la réception du divin, et l'entente phénoménologique avec la chose elle-même, c'est-à-dire avec la parole de l'Autre qui résonne dans le creux de la souffrance et qui se reflète dans l'élan de la solidarité.

Cela dit, il faudra reconnaître le caractère embarrassant d'une telle entreprise d'inculturation. La théologie musulmane ne saurait s'ouvrir spontanément à une telle revendication philosophique. La notion coranique de transcendance divine exerce un impact décisif sur la conscience arabe. À telle enseigne qu'elle risque d'infirmer toute velléité de remise en question. Mais l'omnipotence divine sait présenter aussi une face positive. Si, en islam, tout est régi par Dieu, Dieu pourra inspirer une herméneutique beaucoup plus soucieuse de sa transcendance. Le pluralisme herméneutique de la théologie musulmane vient, le cas échéant, étayer une telle conversion.

En l'absence d'une interprétation monolithique, définitive et close du texte coranique, la raison arabe se trouve autorisée à repenser le discours théologique traditionnel. Relecture inédite, s'il en est une, qui consistera à laisser advenir Dieu dans l'humble ouverture humaine à l'épreuve de l'être. À la manière dont l'être des choses se conjugue au sein de la cité arabe, devrait ainsi correspondre une nouvelle révélation de la présence divine. Laquelle s'entend comme l'actualisation contextuelle du potentiel inépuisable d'une donation originaire, source intarissable d'étonnement et d'interrogation.

Épilogue de la première partie

Vers une réception plurielle

En guise de conclusion, il n'est pas inutile de rappeler qu'il s'agit dans cette méditation philosophique d'un simple essai. Il est urgent d'insister sur ce mot, qui exprime le caractère volontairement limité du propos. À dessein, cet essai se borne à tracer les lignes maîtresses de la problématique de la réception. L'amorce qui s'y dessine vise à libérer les potentialités d'accueil inhérentes à la pensée arabe.

L'entreprise est extrêmement périlleuse, car il y va de la tradition et de l'identité même du monde arabe. Si la pensée de Heidegger croit pouvoir proposer une nouvelle approche de la tâche confiée à la pensée humaine, il sera sans doute bénéfique de tenter une percée. Ose-t-on s'aventurer dans cette profondeur, on se trouve engagé dans un labyrinthe aux multiples détours. Cependant, à l'intérieur du dédale heideggerien, les détours, loin d'égarer la pensée, la stimulent pour la recherche et l'approfondissement de l'affaire fondamentale de toute la philosophie, à savoir la vérité de l'être.

Or, une telle percée ne laisse pas d'influencer, ne serait-ce que par la nature même de ce mouvement d'ouverture, la dynamique, le fonctionnement et la trajectoire de la pensée arabe. À cet égard, il faut souligner que l'éclosion d'une manière nouvelle de penser est un enfantement qui ne s'opère pas toujours sans brisure. C'est donc dans la mesure où la pensée arabe actuelle éprouve les déchirures de cet enfantement qu'elle peut s'estimer sur la voie d'une réelle et fructueuse réception.

En centrant l'analyse sur la problématique de la réception, la présente étude espérait pouvoir saisir la pensée arabe en ce point stratégique où se joue et se détecte son ouverture ou son repli. Toutefois, les variations attestées de la pratique de la réception philosophique dans la tradition arabe invitent actuellement les chercheurs et penseurs arabes à plus d'imagination prospective. Cette nécessité s'accentue d'autant plus impérativement que l'époque actuelle, qualifiée par Heidegger d'époque vespérale, dessine une unité d'épreuve et de destin dans laquelle s'enchevêtrent de multiples phénomènes d'osmose et d'échange.

Mais lorsque ce stade d'achèvement métaphysique et de planétarisation technique est atteint, les vannes sont ouvertes à un véritable déferlement de défis relativisant toutes les traditions philosophiques et incitant les diverses cultures humaines à une meilleure entente intellectuelle de partage et de coopération. C'est précisément dans cette direction que pointe cette tentative qui consiste à favoriser, en la fondant, l'intégration des acquis heideggeriens dans la trame vivante de la pensée arabe actuelle.

Une conviction de fond aura ainsi commandé l'ensemble de cette première partie. À savoir qu'aucune pensée philosophique n'est en mesure de répondre toute seule à l'inextricable complexité du réel. Quoique différemment échafaudées, les pensées humaines doivent donc s'entraider pour assumer ensemble le défi de l'interrogativité philosophique. Proposer la pensée de Heidegger comme modèle d'assainissement ne signifie pourtant pas qu'une telle pensée soit à l'abri de toute défaillance. Les développements consignés dans la deuxième partie en dévoileront les lieux symptomatiques. En revanche, exhumer telle ou telle incohérence ou exagération n'implique nullement que la pensée heideggerienne n'est plus habilitée à servir la cause de l'homme arabe. C'est dire que la pensée a horreur des alignements inconditionnels. Louer Heidegger et le critiquer, telle est, sans doute, la meilleure attitude philosophique digne de la mission intellectuelle du monde arabe. En définitive, la pluralité de la réception arabe sera le signe éloquent d'une telle éthique philosophique.

Deuxième partie

La confrontation des anthropologies

Vision heideggerienne de l'homme
versus
vision arabe de l'homme

Chapitre premier

La place de l'anthropologie dans le projet heideggerien

1. La question fondamentale de l'être

En 1923, Heidegger rédige un cours sur l'ontologie et l'herméneutique de la facticité. L'intérêt de cette recherche réside précisément dans le fait qu'à toutes ses jointures Heidegger y laisse transparaître la nécessité de la formulation d'un nouveau questionnement sur l'être, à partir de l'existence effective qui fut longtemps occultée par la métaphysique : « L'interprétation de la vie facticielle doit remettre en question de fond en comble l'appareil conceptuel traditionnel, rendre à nouveau problématique la doctrine de l'être, en ontologie, à partir de l'interprétation de la vie facticielle, de l'herméneutique de la facticité »[109]. Ce projet n'est d'ailleurs pas étranger à la visée de l'œuvre principale de Heidegger *Être et Temps*, où l'on assiste à l'émergence d'une nouvelle herméneutique, ontologique cette fois-ci, qui s'efforce d'instaurer une nouvelle approche, entièrement radicale, du sens de l'être.

Cette nouvelle orientation trouve dans la pensée de Heidegger une justification solide qui repose sur la constatation d'un phénomène constamment enraciné dans la pensée métaphysique, à savoir celui de l'oubli de l'être : « La question de l'être est aujourd'hui tombée dans l'oubli »[110]. Le terme aujourd'hui ne devrait nullement connoter une détermination temporelle précise, car « la métaphysique est pour Heidegger l'époque de l'oubli de l'être »[111]. C'est même toute l'histoire de la philosophie occidentale qui lui a paru être celle de l'oubli et de l'errance de la pensée[112].

---

109 M. Heidegger, *Ontologie. Hermeneutik der Faktizität*, Frankfurt, Klostermann, GA 63, 1988, p. 27. Voir O. Pöggeler, *La pensée de Heidegger*, Paris, Aubier-Montaigne, 1967, p. 38.

110 M. Heidegger, *Être et temps*, *op. cit.*, p. 25 (*Sein und Zeit*, *op. cit.*, p. 3).

111 J. Greisch, « Identité et différence dans la pensée de Martin Heidegger », in *Revue des sciences philosophiques et théologiques*, 57 (1973), p. 94.

112 A. Kelkel, *La légende de l'être. Langage et poésie chez Heidegger*, Paris, Vrin, 1980, p. 13.

Pour expliciter les motivations et les modalités de cet oubli, Heidegger signale que la limpidité prétendument établie de l'être ne nous dispense en aucune façon de nous interroger sur son sens : « Par conséquent, si l'on dit : 'L'être est le concept le plus général', cela ne peut signifier que ce concept soit le plus clair et qu'il n'ait pas besoin d'être expliqué davantage. Le concept d'être est bien plutôt le plus obscur »[113]. Relégué à l'arrière-plan, l'être de la pensée métaphysique a dû subir sa propre déformation à la suite de l'élaboration d'une conception ontologique qui voyait en lui l'indéfinissable évidence par excellence. Selon Heidegger, cet oubli de la question de l'être résulte donc d'une compréhension de l'être comme présence constante, et ce, conséquemment au rôle privilégié accordé à la priorité de la vision : « Parce qu'être, chez les Grecs, énonce : présence et consistance, c'est pourquoi la vision, le fait de voir est particulièrement propre à élucider la perception de la présence et de la consistance »[114]. Un rapport d'étroite connexion vient ainsi d'être établi entre l'acte cognitif et le substrat ontologique de la facticité. Ne sera jamais vu et enregistré que ce qui se présentera à l'esprit comme forme permante de présence subsistante. Ce qui échappe à la vue, échappe aussi à la présence. Par conséquent, l'être de la métaphysique occidentale se ramène à l'être-vu de la rationalité inquisitrice.

L'analytique existentiale de *Sein und Zeit*, aux divers stades de l'articulation de la question fondamentale du sens de l'être, révèle que cette métaphysique, entendue comme manifestation consistante et permanente de l'être, a plongé l'homme dans une oubliance de son propre être. Au lieu d'inscrire dans l'horizon de l'homme une nouvelle perspective d'éveil et d'ouverture au dévoilement de l'être, toute l'histoire de la métaphysique occidentale a érigé l'homme en siège de l'oubli de l'être : « L'oubli de l'Être se dénonce indirectement en ceci que l'homme ne considère jamais que l'étant et n'opère que sur lui. Mais parce que l'homme ne peut alors s'empêcher de se faire de l'Être une représentation, l'Être n'est défini que comme le concept le plus général de l'étant et par ce fait comme ce qui l'englobe, ou comme une création de l'Étant infini, ou comme le produit d'un sujet

---

113 M. Heidegger, *Être et temps*, *op. cit.*, p. 27 (*Sein und Zeit*, *op. cit.*, p. 4).

114 M. Heidegger, *Nietzsche II*, Paris, Gallimard, 1971, p. 178.

fini »[115]. Il s'ensuit que Heidegger rejette catégoriquement toutes les approches de l'être qui tâchaient de se constituer en une systématisation de la totalité et qui, de ce fait, n'envisageaient que l'être de l'étant. Plus d'une fois, il proclame lui-même la rupture radicale qu'il entend opérer avec la tradition ontologique qui a fonctionné comme puissance d'occultation et d'oubli plutôt que de révélation de l'être.

Dans le sillage de cette métaphysique ontique qui ne pensait que l'étant comme tel, ou bien l'être de l'étant, « l'Être en tant que le destin qui destine la vérité reste celé »[116]. Il apparaît, dès lors, que si Heidegger, dans sa critique systématique de la métaphysique occidentale, intervient vigoureusement dans l'élucidation de la différence ontologique, en distinguant l'être (*das Sein*) de l'étant comme tel (*das Seiende*), de l'être qui constitue le fondement de ce qui existe dans son existence même[117], ce n'est pas seulement pour rompre une lance en faveur d'une nouvelle théorie qu'il entend instaurer au détriment de tout ce qui a été élaboré jusqu'à maintenant. Il y a plus grave que le rejet d'une discipline métaphysique qu'il juge plus d'une fois périlleuse pour la pensée. S'il entreprend de combattre les errements de la métaphysique, c'est parce que cette dernière s'avère incapable d'opérer la différence entre l'ontique et l'ontologique. Une telle métaphysique est, par conséquent, incapable de jeter les bases d'une nouvelle ontologie engageant les questions ultimes du sens de l'être.

Il y a lieu ici de signaler que *Sein und Zeit*, en développant une analyse phénoménologique de l'être de l'homme (*Dasein*), unique étant à qui aient été confiées la pensée et la garde de l'être, n'a de sens qu'en tant qu'une « voie », la fin étant l'élaboration de la

---

115 M. Heidegger, *Lettre sur l'humanisme*, Paris, Aubier-Montaigne, 1964, p. 101.

116 M. Heidegger, *Lettre sur l'humanisme*, *op. cit.*, p. 101. Dans le registre de la pensée heideggerienne, l'être se caractérise principalement par son retrait. Ce qui conditionne et compromet le statut de la vérité, laquelle ne s'accommodera plus ni d'une approche subjective, ni d'une approche objective. L'être et la vérité se retrouveront, dès lors, solidaires dans leur émergence concomitante de l'abîme sans fond de l'origine : « Considérée du point de vue de son énigmatique teneur, la vérité se nommera 'être' ; considérée du point de vue de sa fonction dans l'histoire de la pensée, elle se nommera 'origine' » (M. Zarader, *Heidegger et les paroles de l'origine*, Paris, Vrin, 1990, p. 19).

117 M. Heidegger, *Lettre sur l'humanisme*, *op. cit.*, pp. 101-102.

question de l'être en général. C'est pourquoi l'anthropologie heideggerienne ne saurait être qu'une anthropologie ontologique[118]. En d'autres termes, il s'agit d'expliciter la constitution fondamentale de l'homme en tant que lieu de manifestation et d'épreuve de la question et de la vérité de l'être. Si Heidegger préfère renoncer à l'usage du terme homme et privilégie celui de *Dasein*, c'est justement pour mettre en relief la primauté de la question de l'être[119]. Le sens de l'être devrait, pour ainsi dire, conférer à l'homme et à son existence historique consistance et orientation. Car, ce qui compte en dernière instance, ce n'est pas tant le projet humain sur l'être, mais plutôt le projet de l'être sur l'homme. C'est l'être lui-même qui devrait indiquer à l'homme le lieu et le mode de son habitation.

Controversée plus tard par Heidegger qui lui ôte sa nécessité de préalable indispensable à toute ontologie, cette analytique existentiale ou fondamentale, en se proposant d'élucider la manière selon laquelle la compréhension de l'être de l'être-là s'articule et s'agence, n'a dû fonctionner, en dernière instance, que comme une description phénoménologique de l'être de l'homme. Description qui n'a aucune pertinence, dans le système heideggerien, si ce n'est en se référant au projet ontologique qui entend asseoir les fondements de tout discours sur l'être. Dès lors, l'acte intime d'appréhension de l'être ne pourrait s'introduire dans la pensée qu'en vertu d'un inévitable *clinamen* dont on ne saurait apprécier l'angle de dérive : « C'est ainsi seulement, à partir de l'être, que commence le dépassement de l'absence de patrie (*Heimatlosigkeit*), en laquelle s'égarent non seulement les hommes, mais l'essence

118 D'aucuns pourraient contester l'usage de ce terme dans le cadre de la nouvelle pensée de l'être. Or, comme le montre la note 7 du quatrième chapitre de la première partie, cette pensée, en proposant de repenser l'être de l'homme à la lumière de la vérité de l'être, s'engage, sans probablement trop l'afficher, dans une véritable réflexion « anthropologique ». Cependant, il importe de qualifier d'ontologique cette anthropologie qui vise à réinscrire l'humain dans le déploiement temporel de l'être. Dans la constellation du Quadriparti (*das Geviert*), l'humain serait ainsi un lieu privilégié de dévoilement de l'être.

119 « Bien plutôt est désigné par *Dasein* ce qui doit être avant tout éprouvé comme lieu, à savoir comme le champ de la vérité de l'être, et ensuite être pensé conformément à cette épreuve » (M. Heidegger, « Qu'est-ce que la métaphysique ? », in *Questions I et II*, Paris, Gallimard, 1968, p. 33).

même de l'homme »[120]. L'homme demeure nulle part tant qu'il n'aura pas habité dans le lieu essentiel de sa vocation. Le fait de sombrer dans l'habituel risque de fourvoyer l'homme et de l'induire en erreur[121]. C'est donc au creux de l'habtiuel que l'homme doit pouvoir percer le mystère de l'inhabituel, c'est-à-dire le mystère du retrait de l'être.

Caractéristique principale de l'oubli de l'être, cette absence de patrie se répercute dangereusement sur le destin de l'homme et de la vérité de l'homme. C'est au prix d'une telle occultation de la véritable identité de l'être souvent pris pour un étant, que l'homme s'égare indéfiniment en se considérant comme un centre cosmique stabilisé en une essence au contenu défini.

2. Les raisons de l'égarement métaphysique

Dans le si vaste univers de la métaphysique, le point de plus forte intensité affirmative se trouve occupé par l'une de ces théories sur l'essence de l'homme, où excelle la tentative de déterminer cette essence à partir de la vérité de l'étant. Sans doute, une pareille tentative réalisée par l'ontologie traditionnelle ne permettra-t-elle pas d'introduire l'être à l'intérieur de sa conception générale de la vie facticielle, ni d'intégrer à sa représentation philosophique de la réalité effective cet aspect de sens fondamental toujours inclus dans le mystère de l'être. Cela dit, il faudra, pour l'élucidation du projet heideggerien, mettre en relief le mécanisme de la métaphysique dans son fonctionnement de dissimulation et de déguisement de l'être[122]. Conséquence indirecte de ce

---

120 M. Heidegger, *Lettre sur l'humanisme*, *op. cit.*, p. 99.

121 « Ce que nous rencontrons 'tout d'abord', ce n'est pas le proche, mais toujours l'habituel. L'habituel possède en propre cet effrayant pouvoir de nous déshabituer d'habiter dans l'essentiel, et souvent de façon si décisive qu'il ne nous laisse plus jamais parvenir à y habiter » (M. Heidegger, *Qu'appelle-t-on penser ?*, Paris, Presses Universitaires de France, 1959, p. 141).

122 Malgré l'avis de certains interprètes qui estiment que la pensée de Heidegger a connu une « résurgence métaphysique » à l'époque de Marbourg (voir R. Brisart, *La phénoménologie de Marbourg ou la résurgence métaphysique chez Heidegger à l'époque de* Sein und Zeit, Bruxelles, Facultés Saint-Louis, 1991), la critique heideggerienne de la métaphysique est tellement radicale qu'elle ne souffre point d'atténuation (« La philosophie interprète sa corruption comme étant la 'résurrection de la métaphysique' », M. Heidegger, *Ontologie. Hermeneutik*

dévoiement de l'être, les excès de l'humanisme, clairement stigmatisés dans la célèbre *Lettre sur l'humanisme*, portent préjudice, en tant qu'indéniable corollaire, à la vérité ultime de l'homme.

S'assignant la tâche de remonter une longue pente atavique pour mettre à nu les fondements erronés de la métaphysique occidentale, la pensée de Heidegger a dû mobiliser tout son mécanisme critique pour faire appréhender les soubassements de cette métaphysique en décelant ses assertions lacunaires et les motifs de son engourdissement. Il s'agit donc pour Heidegger de dépister les erreurs dont la pensée métaphysique a tenté la justification et l'interprétation au moyen de ses schèmes et notions, assez souvent inadéquats aux questions de l'ontologie fondamentale. L'égarement de la métaphysique ontique par lequel maintes pensées dérivant d'horizons intellectuels bien différents, se sentent sollicitées, serait aisément identifiable et formulable en quelques notions de contenu assez général pour autoriser bien des variantes quant à leur explication.

Centrée exclusivement sur l'étance (*Seiendheit*), et axée sur l'oubli de la différence ontologique[123], la métaphysique traditionnelle n'a fait que nourrir une réflexion sur l'étant. Par conséquent, elle s'appliquait exclusivement à élaborer des formes de pensée et des systèmes de réflexion éminemment symptomatiques de la dissimulation de l'être et de sa problématique. Ce faisant, elle se croyait en mesure d'apporter une nouvelle élucidation de l'être : « Question de l'être signifie d'après l'interprétation courante : questionner sur l'étant comme tel (la métaphysique). Question de l'être veut dire cependant, pensée à

---

der Faktizität, *op. cit.*, p. 5) . Toute la démarche de la pensée de l'être est donc régie par l'impératif du dépassement de la métaphysique.

123 « Parce que 'être' n'est en fait pas accessible en tant qu'étant, on l'exprime en recourant aux déterminations étantes de l'étant concerné, aux attributs. (...) Que la substance soit déterminée grâce à un étant substantiel, voilà la raison pour laquelle le terme parle à double sens. La substantialité est prise en vue et elle est entendue à partir d'une constitution étante de la substance. Comme c'est de l'ontique qui est glissé sous l'ontologique, l'expression *substantia* fonctionne tantôt avec une signification ontologique, tantôt avec une signification ontique, mais le plus souvent dans un flou ontico-ontologique. Derrière cette infime différence de signification s'abrite pourtant l'incapacité de maîtriser le problème principal, celui de l'être (différence ontologique) » (M. Heidegger, *Être et temps*, *op. cit.*, p. 133 ; *Sein und Zeit*, *op. cit.*, p. 94).

partir de *Sein und Zeit* : questionner sur l'être comme tel (...), car la question de l'être, comprise comme la question métaphysique sur l'étant comme tel, ne questionne précisément pas thématiquement vers l'être. Celui-ci reste oublié »[124]. Toute la difficulté consiste d'ailleurs à localiser le lieu privilégié de la manifestation de l'être comme tel. Car, partout, c'est l'étant qui se manifeste au détriment de l'être. Ce qui disculpe en quelque sorte la métaphysique occidentale qui se trouve condamnée à manquer sa rencontre initiale avec l'être.

Concevoir l'être comme présence constante et ignorer la véritable problématique de l'être au bénéfice du seul étant, telle est évidemment l'erreur principale de la pensée métaphysique. Or, tout au long de la pensée heideggerienne, ces deux constituants d'une même problématique, qui est naturellement celle de la métaphysique ontique, sont souvent abordés dans leur interférence mutuelle. En fait, l'être n'a été saisi sous la seule figure de l'étant mondain qu'en raison de la conception largement répandue qui n'en fait ressortir, à titre de qualité primordiale, que la permanence d'une présence constamment consistante. Cette présence constante dont se prévaut la métaphysique n'est pas à même de préparer un libre accès à la vérité de l'être. En effet, il ne s'agit que d'une présence livrable et manipulable, autrement dit taillable et corvéable à merci. Elle ne constitue, en dernière analyse, qu'un objet de questionnement sur l'être de l'étant. Ce qui implique que la question proprement ontologique sur l'être ne saurait se déployer concrètement, en dépit des interrogations métaphysiques de type ontique, que dans un champ d'investigation restreint jusqu'à l'évanouissement : « Dans la relation métaphysique d'être et vérité, l'être est pensé comme présence constante, la vérité de même comme ce qui est constamment présent pour la connaissance ou, du point de vue du connaître, comme conformité à ce qui est toujours présent »[125]. Il s'ensuit que cet état de réussite et d'expansion de la visée métaphysique se trouve à l'origine d'une conception de la vérité aussi bien statique que parcellaire. Bien évidemment, une telle visée ne peut se vérifier que dans

---

124 M. Heidegger, *Introduction à la métaphysique*, Paris, Gallimard, 1967, p. 31.

125 M. Heidegger, *Introduction à la métaphysique*, *op. cit.*, p. 122.

l'engourdissement de l'être et son extinction à l'intérieur des limites restrictives de l'étant propre à l'existence mondaine.

C'est donc sur la base de l'étant apparent et saisissable que s'édifie l'ontologie des temps modernes. Cette dernière s'articule sur un « fonds catégoriel »[126] puisé, en toutes ses composantes, dans les ressources de la personne, ou du sujet, ou bien de l'homme tout court. En s'efforçant de déceler son fondement, cette ontologie s'adresse à un étant représentable et susceptible d'acquérir une foule d'attributions. Lesquelles le rendent propre à condenser en lui l'essence de la vérité. Ce processus ne s'accomplit, en fin de compte, qu'en vertu de l'accession progressive d'un tel étant à la plénitude de son achèvement et de son inébranlable consistance[127].

Dès lors, vérité et être se résorbent simultanément en une unique et immuable certitude. Laquelle fait abstraction de la facticité fluctuante et réfractaire aux reprises englobantes et totalisantes. Le flux temporel de l'existence se trouve occulté par une logique de la transparence et de l'adéquation : « La logique est la plus imparfaite de toutes les disciplines philosophiques, et elle peut seulement progresser si elle réfléchit aux structures fondamentales de ses phénomènes thématiques, aux structures d'être primaires du logique en tant qu'attitude du *Dasein*, à la temporalité du *Dasein* lui-même »[128]. Soubassement théorique de la métaphysique, la logique héritée d'Aristote peut priver la pensée de son aptitude à recueillir les signes imprévisibles du déploiement originel de l'existence.

Faute de pouvoir se constituer en une vraie ontologie, comme l'entend Heidegger, la métaphysique voit donc son champ d'expression se réduire à une pure élucidation de l'étant. Laquelle s'opère unilatéralement par le seul concours de la subjectivité représentative : « Dans la mutation de l'essence de la vérité en certitude, l'Être est préfiguré en tant que représentéité du se-représenter, en quoi se déploie l'essence de la subjectivité »[129]. La certitude de la représentation interdit ainsi à l'être de se dire en

126 *Ibid.*, p. 68.

127 M. Heidegger, *Lettre sur l'humanisme*, *op. cit.*, p. 51, et *passim*.

128 M. Heidegger, *Logik. Die Frage nach der Wahrheit*, *op. cit.*, p. 415.

129 M. Heidegger, *Nietzsche II*, *op. cit.*, p. 370. On entend par « subjectivité » l'interprétation de l'être relativement à un *hupokeimenon*.

dehors des catégories qui lui sont imposées par la rationalité calculatrice.

Bref, tout l'égarement de la métaphysique, qui a entraîné également celui de l'humanisme[130], se laisse deviner dans cette constatation bipolaire. D'un côté, l'être est appréhendé uniquement dans son adhésion à la vérité, laquelle n'est que l'expression de la conformité de la pensée au réel. De l'autre, la vérité et, en l'occurence, celle de l'être est explicitée et déterminée à partir de la subjectivité. C'est-à-dire à partir de l'essence de l'homme lui-même, et non pas inversement, comme ce fut le cas dans la pensée de Parménide où l'on envisageait « la détermination de l'essence de l'homme à partir de l'estance (*Wesen*) de l'être lui-même »[131]. Dans cette optique, la question sur l'être comme tel se modifie subrepticement en une répétition mécanique de la question sur l'étant comme tel. Aussi la pensée demeure-t-elle incapable de surmonter l'erreur de la métaphysique. Dépassement impliquant évidemment non pas une élimination irrévocable de toute la pensée qui s'en réclame ouvertement, mais bien plutôt une lutte pour la transformation de la pensée. Seule une telle transformation est « capable d'amener également une transformation de l'essence humaine »[132]. Ce qui, en dernière analyse, replacer l'homme dans la perspective juste et adéquate de son être. Lequel être ne cesse de le propulser au-devant de lui-même sous la figure d'un pro-jet à réaliser. Cependant, une telle réalisation doit s'accorder à l'être des choses. Simples étants en lesquels se produit, au gré du flux temporel de l'existence, la vérité de l'être.

Croyant pouvoir combler les lacunes séculaires de la pensée métaphysique, la nouvelle pensée qui pointe à travers les écrits de Heidegger entend rectifier l'orientation de l'ontologie. En même temps, elle veut infliger un démenti sévère aux divers humanismes qui se sont octroyés le droit de circonscrire l'essence de l'humanité de l'homme. La *Lettre sur l'humanisme* (*Über den Humanismus*) vise notamment à délimiter derechef les contours du projet heideggerien, en inscrivant la réflexion sur l'humanité de l'homme

130 M. Heidegger, *Lettre sur l'humanisme*, *op. cit.*, p. 51.

131 M. Heidegger, *Introduction à la métaphysique*, *op. cit.*, p. 151.

132 J. Greisch, « Identité et différence... », art. cit., p. 81.

au sein même de l'ontologie fondamentale. Car le salut définitif et victorieux par lequel l'homme brisera l'opacité de l'obscurité de l'être ne saurait dépendre du vouloir de l'homme ou d'une renaissance de l'humanisme. Une telle insistance sur le pouvoir de l'homme ne ferait que perpétuer la dynastie de la raison dominatrice[133] qui accompagne la métaphysique et sa radicalisation technique.

Il revient donc à l'être de se livrer comme il l'entend. Dans la lumière que dispense l'être, l'obscurité n'est pas irrémédiablement dissipée. Car le retrait de l'être véhicule une charge d'incertitude et d'embarras. D'où l'urgence d'un saut que la nouvelle pensée devrait effectuer si elle tient à recueillir les signes avant-coureurs du cèlement volontaire de l'être. Dans cette perspective, l'homme, sous la nouvelle figure du *Dasein*, doit apprendre à observer avec respect et bienveillance les différentes manifestations et occultations de l'être[134]. Cette nouvelle anthropologie fondamentale traduit sans doute le souci d'un autre commencement de la pensée. Commencement où l'être et l'homme œuvrent de concert à l'avènement de la vérité. Ni l'un, ni l'autre n'auront à souffrir le martyre de l'exclusion. Investi d'une telle mission, l'être humain saurait accorder sa dynamique aux requêtes de l'être. Lequel être ne cesse de l'interpeller au sein du monde et au gré du rythme qu'instaurent discrètement les choses qui peuplent ce monde.

---

133 Heidegger critique le « *nihil sine ratione* », car il y voit l'origine de l'agression perpétrée à l'encontre de la *phusis* : « Ce qui, dans le principe de raison, est puissant, c'est l'appel à fournir raison, cet appel, ce *reddendum*, commande toute représentation humaine » (M. Heidegger, *Le principe de raison*, Paris, Gallimard, 1962, p. 89). Pour épargner à l'être la tentation de s'identifier purement et simplement à la raison, la pensée doit renoncer à la logique de la légitimation et de la fondation en osant penser l'être comme le fond sans fond. En vertu d'un saut (*Ibid.*, p. 147), la pensée, qui devient pensée « commémorative », saura s'accommoder du nouvel avènement de l'être : « Mais ce qui d'abord étonne, c'est toujours ceci : que l'être se dispense à nous en même temps qu'il nous dérobe son essence et que par ce retrait il la rende visible » (*Ibid.*, p. 151).

134 « L'homme n'est pas le maître de l'étant. L'homme est le berger de l'être (...). Il gagne l'essentielle pauvreté du berger, dont la dignité repose en ceci : être appelé par l'être même à la sauvegarde de sa vérité » (M. Heidegger, *Lettre sur l'humanisme*, *op. cit.*, p. 101).

Chapitre deuxième

La *Lettre sur l'humanisme* comme moment fondamental de l'anthropologie heideggerienne

1. *La place et le statut de la* Lettre

Il est traditionnel, à propos de la pensée de Heidegger, de parler d'une « rupture », d'évoquer un changement de perspectives qui se serait manifesté apèrs *Sein und Zeit* (1927). Dans *La lettre sur l'humanisme*, adressée d'abord en réponse à une missive de Jean Beaufret[135] et reprise par Heidegger qui la compléta en 1947, se dessine, en effet, une évolution ou plutôt une maturation. Une sorte de progrès de la pensée qui, désormais, s'oriente directement vers l'être lui-même. C'est que, dès la parution de cette *Lettre*, les spéculations sur l'évolution de la pensée de Heidegger n'ont cessé de se multiplier, au détriment même de l'unité organique de cette pensée.

Dans sa monumentale étude phénoménologique[136], W. J. Richardson parle tout bonnement d'un Heidegger I et d'un Heidegger II. S'appuyant sur une indication de Heidegger[137], O. Pöggeler nous apprend à reconnaître trois phases dans le chemin de la pensée heideggerienne : tout d'abord, la philosophie de *Sein und Zeit*, axée sur la question du sens de l'être, suivie peu de temps après d'une réflexion sur la vérité de l'être telle qu'elle s'est déposée dans l'histoire de la métaphysique, projet qui fut abandonné en faveur d'une pensée de la topologie de l'être qui s'efforce de signaler les lieux où l'être peut encore nous interpeller aujourd'hui. Quant à I. Görland[138], elle suggère que les leçons des

135 Tâchant de répondre à l'ensemble des questions soulevées par J. Beaufret, Heidegger en isole notamment une des plus importantes à ses yeux (comment redonner un sens au mot « humanisme » ?) et s'efforce de l'examiner sous divers angles.

136 W. J. Richardson, *Heidegger : Through Phenomenology to Thought*, La Haye, 1963.

137 Heidegger, *Questions III et IV*, Paris, Gallimard, 1978, p. 278.

138 I. Görland, *Transzendenz und selbst. Eine phase in Heideggers Denken*, Klostermann, 1981.

années 1927 et 1928 nous autorisent à déceler une nouvelle étape qui s'articulerait autour des concepts de transcendance et de soi.

Il est donc possible de discener dans le cheminement de Heidegger deux grandes étapes. La première se caractérise par l'insistance sur l'anthropologie (analytique) existentiale comme voie d'accès à la question du sens de l'être, tandis que la seconde centre davantage l'intérêt sur l'être et son destin, privilégiant ainsi le chemin de l'être lui-même. La *Lettre sur l'humanisme* vient manifester le sens profond de cette transition.

S'autorisant de ce changement de cap, les interprètes de la pensée heideggerienne se sont employés à y relever les traits distinctifs d'un tournant (*Kehre*). Il s'agit d'un revirement qui entend renverser le cercle, ou mieux, l' « ellipse » herméneutique de *Sein un Zeit*. Cette dernière, en effet, entendait partir du foyer du *Dasein*, à savoir la compréhension de l'être, pour arriver à un concept de l'être. Mais ce deuxième foyer de l'ellipse était déjà présupposé dans la compréhension du *Dasein*. La *Kehre* tournera d'abord autour de l'être avant de s'approcher du foyer du *Dasein*. Elle ne scande pas un événement historique que l'on peut dater. Elle décrit plutôt la figure fondamentale et la méthode de toute la pensée de Heidegger. Ce dernier, en effet, est resté fidèle à la problématique transcendantale. L'être aurait toujours été considéré comme la condition de possibilité de l'apparaître de l'étant. Le tournant, quant à lui, n'aurait fait qu'asseoir ce transcendatalisme[139] sur une base historique. C'est que la destruction de la métaphysique[140] par le biais d'une ontologie fondamentale dans

139 Envisagé dans son application à l'être lui-même (« L'être est le transcendant pur et simple », disait Heidegger dans *Être et temps*, *op. cit.*, p. 65 ; *Sein und Zeit*, *op. cit.*, p. 51), le transcendantalisme est ce qui rend l'être maître de son propre destin, de sorte que le *Dasein*, dans sa relation extatique à lui, se trouve incapable de le créer. Dans l'annotation, Heidegger précise le sens de ce terme : « Transcendens, rien à voir, en dépit de toute assonance métaphysique, avec le sens scolastique ni avec le sens grec de *koinon* chez Platon ; prendre au contraire transcendance comme l'ekstatique, la temporellité, la temporalité ; aller même jusqu'à 'horizon' ! L'être a 'coiffé' l'étant. Prendre même transcendance à partir de la vérité de l'être : la propriation (*das Ereignis*) » (*Ibid.*).

140 Selon Heidegger, cette destruction défait les différentes couches des interprétations ontologiques qui, tout à la fois, nous rendent tributaires des Grecs et nous lient aux déterminations ontologiques qui trouvent leur premier porte-parole en Aristote.

Sein und Zeit, qui rend caduc le projet foncièrement métaphysique de la thèse d'habilitation sur Duns Scot, sera dépassée dans la période des années trente où l'étude de Nietzsche fera apparaître la nécessité d'un « pas en arrière » et d'une appropriation pensive du destin de la métaphysique.

Cette confrontation avec le devenir historique de la métaphysique permettra à Heidegger de prendre conscience de la tâche de sa propre pensée : « Certaines notes de l'édition de la *Lettre sur l'humanisme* dans l'Œuvre Complète (*Gesamtausgabe*) donnent effectivement l'impression que Heidegger cherche à décrire la découverte de l'*Ereignis* dans la terminologie de la conversion »[141]. Cette dernière se devait saisir moins comme rupture au sein du cheminement de cette pensée que comme remontée au fondement de la métaphysique. Remontée qui se concrétise dans la reprise de l'expérience historique et conceptuelle qui a marqué l'Occident au plus profond de sa destinée philosophique.

Occupant une place privilégiée dans la philosophie de Heidegger, le terme *Ereignis* signifie couramment « événement ». Mais Heidegger l'aborde à partir de son étymologie (*eigen* : propre)[142]. L'*Ereignis* tente d'indiquer le mouvement d'éclosion et d'apparition par quoi l'être accède à ce qu'il a en propre en se déployant à travers le temps et l'existence humaine. Il implique donc une sorte d'accord originel qui détermine le « propre » de l'être et du temps comme de l'être et de l'homme en leur co-appartenance. Mais cet accord qui permet à chacun de céder à ce qu'il a en propre passe aussi par le retrait, la désappropriation. Cela dit, il faut se méfier d'ériger l'*Ereignis* en un concept qui engloberait et permettrait de comprendre l'être et le temps. Car l'homme est si bien pris dans ce jeu de l'*Ereignis* qu'il ne peut se le représenter comme un objet, ni même le saisir comme totalité.

Quoique justiciable de deux lectures différentes[143], la pensée de Heidegger maintient toujours sa visée originelle, à savoir

---

141 J. Greisch, « L'appel de l'Être et la parole de Dieu », in *Études*, 361 (1984), p. 678.

142 Voir les deux recueils de notes consacrés par Heidegger à la problématique de l'*Ereignis* : *Beiträge zur Philosophie. Vom Ereignis*, *GA* 65, Frankfurt, Klostermann, 1989 ; *Das Ereignis*, *GA* 71, Frankfurt, Klostermann, 2009.

143 M. Heidegger, *Lettre sur l'humanisme*, *op. cit.*, p. 14, note 1.

l'ouverture de l'homme à une pensée et à un dire moins oublieux et plus accordés au jeu de l'être. Elle le fait sans s'engloutir, pour autant, dans les rétractations du détail et les conversions de perspective que recèlent les écrits ultérieurs : « Il est clair que pour Heidegger lui-même le tournant dans sa pensée n'abolit pas la question de son unité interne »[144]. La notion de l'*Ereignis* semble concourir ainsi à la sauvegarde de cette unité. Car elle manifeste le mouvement interne de la question de l'être.

Bien plus, c'est l'errance inhérente à l'être lui-même qui imprime le mouvement propre à la pensée qui le médite : « Le tournant de la pensée heideggerienne devient un tournant dans l'histoire de l'Être »[145]. Cette errance de l'être n'est pas sans influencer le cheminement propre de la pensée heideggerienne, apparemment scindé en deux trajectoires. Tandis qu'une première approche de l'œuvre de Heidegger l'abordait par la « voie phénoménologique » de *Sein und Zeit* (1927), en faisant ressortir les traits distinctifs de l'analyse existentiale, une seconde lecture l'envisageait, à travers la *Lettre sur l'humanisme* (1947), dans l'apport des écrits du « dernier Heidegger », en y relevant les affinités avec les procès de l'humanisme qui foisonnaient pendant le bref printemps du structuralisme. Or, la lecture patiente de l'Œuvre Complète confirme davantage le fait suivant : le chemin inauguré par *Sein und Zeit* demeure la voie royale qui mène inéluctablement à l'intelligence du cheminement de la pensée heideggerienne. À cet égard, l'on peut dire que la *Lettre sur l'humanisme* n'a d'autre objectif que d'octroyer à l'être la primauté d'initiative. Laquelle habilite l'être à opérer sans entraves dans l'éclosion et l'obstruction, le dévoilement et le cèlement. Ce qui, dans l'optique de la *Lettre*, inflige un démenti irrécusable aux prétentions de l'humanisme. Car ce dernier est soupçonné par Heidegger d'être responsable des objectivations périlleuses qui, comme en témoigne l'ère de la technicité moderne, cherchent à tout maîtriser et intégrer, au détriment même de la différence essentielle entre l'être et l'étant.

---

144 J. Greisch, « Identité et différence... », *art. cit.*, p. 73.

145 J. Greisch, « Identité et différence... », *art. cit.*, p. 73.

2. Le contenu et l'apport

L'œuvre qui constitue le premier chemin vers la question de l'être ou du sens de l'être est *Sein und Zeit*, suivie par *Kant et le problème de la métaphysique*. Selon Munier[146], la meilleure introduction à la lecture et à la compréhension de *Sein und Zeit* est constituée par la *Lettre sur l'Humanisme*, et également par l'introduction à *Qu'est-ce que la métaphysique ?*, intitulée *Retour au fondement de la métaphysique*[147].

Selon cette visée, la *Lettre sur l'Humanisme* est consacrée à l'indication des liens cachés qui relient la pensée « humaniste » à la métaphysique et à l'idéologie. Il est clair, par conséquent, que cette prise de distance à l'égard des divers humanismes n'est pas motivée par le mépris de l'homme, mais au contraire par un sens plus élevé de ce qui en fait l'humanité : « L'errance dans laquelle l'humanité historique doit se mouvoir pour que sa marche puisse être aberrante, est une composante essentielle de l'ouverture du *Dasein*. Elle domine en tant qu'elle le pousse à s'égarer. Mais, par l'égarement, l'errance contribue aussi à faire naître pour l'homme la possibilité de ne pas succomber à l'égarement, d'éprouver l'errance comme telle et de ne pas méconnaître le mystère du *Dasein* »[148]. De là il ressort que l'égarement de l'humanité, dénoncé dans la *Lettre* de Heidegger, s'avère un égarement salutaire qui mène au

---

146 Note d'introduction à la *Lettre sur l'Humanisme*, Paris, Aubier, 1964, p. 7.

147 Dans le sens de cette périodisation, on peut consulter l'interprétation suivante : « Il y a chez Heidegger deux Topiques correspondant à un même et unique problème : la question de l'Être. L'une s'établit sur la base de la notion d'« être-dans-le-monde », autour de : facticité et transcendance, mondanéité, projet et souci, être-pour-la-mort et temporalité, historialisation de l'être-là et du monde, histoire comme destin. Sa polarisation se fait autour du passage de l'inauthenticité de l'existence dans la quotidienneté à la décision dans la liberté. L'autre topique se place du point de vue de l'Être lui-même. Elle s'organise autour de : langage comme demeure de l'Être, homme comme gardien de l'Être, monde comme Quadriparti, histoire de l'Être. Sa polarisation se fait autour de la Métaphysique en tant qu'oubli de l'Être et le Dépassement de la Métaphysique. Ces deux topiques ne sont pas simplement successives. Elles sont articulées l'une sur l'autre par les notions de : ouverture ou éclaircie de l'Être, différence entre l'Être et l'étant, co-appartenance de l'homme et de la pensée et de l'Être » (R. Scherer, A. Kelkel, *Heidegger*, Seghers, 1973, p. 37-38).

148 M. Heidegger, « De l'essence de la vérité », in *Questions I et II*, Paris, Gallimard, 1968, p. 187.

dévoilement de l'être. Car l'investigation phénoménologique des structures du *Dasein* et l'exploration de la transcendance (conçue en tant qu'ek-sistence de l'être-là) et de la temporalité, sont ordonnées à la question et à la compréhension de l'être même. Paradoxalement, le danger de l'égarement est lui-même le lieu du salut. Retrouver l'essence ontologique de l'homme est une tâche qui ne saurait s'accomplir que dans la douce complicité avec l'homme égaré lui-même. Car il ne s'agit pas de destituer l'homme et de le remplacer, mais de le convertir à sa propre grandeur.

À partir de là, Heidegger retrace le chemin sinueux où les époques de l'être font de l'histoire une perpétuelle errance de l'étant[149]. En cette séculaire hésitation, « les méprises de l'homme » répondent, trait pour trait, aux manifestations changeantes de l'étant, dans la mesure où, à chaque époque historique[150], l'homme « errant » suit aveuglément l'étant sans jamais pouvoir accéder à la saisie de la différence ontologique. Tout s'accomplit comme si l'accusation ne devait pas porter uniquement sur l'homme. L'être lui-même serait, en quelque sorte, fautif et devrait répondre de son égarement. Mais il devrait le faire, non plus devant une subjectivité souveraine et dominatrice, mais devant son propre tribunal. D'où le caractère circulaire et intriguant d'un tel procès.

Axée sur une investigation de l'essence humaine à laquelle elle entend infuser une nouvelle signification, cette *Lettre* tend à replacer l'homme dans sa véritable dimension d'être-dans-le-monde. Dimension inhérente à sa constitution essentielle d'homme. Cette détermination phénoménologique de l'analytique existentiale fait irruption dans l'humanité de l'homme sous la forme du *Dasein* et en constitue même le fondement ultime. Autrement dit, l'être-dans-le-monde est la condition qui fonde la possibilité même de l'homme.

149 L'errance est tributaire, non de l'homme et de sa rationalité outrancière, mais ultimement de l'être lui-même qui aime à se retirer : « Que nous ne pensions pas encore vient du fait que ce qui demande à être pensé se détourne lui-même de l'homme, et même s'est déjà détourné depuis longtemps de lui » (M. Heidegger, *Qu'appelle-t-on penser ?*, *op. cit.*, p. 25).

150 Dans « La parole d'Anaximandre » (in *Chemins qui ne mènent nulle part*, Paris, Gallimard, 1980, pp. 387-449), Heidegger en énumère cinq : le grec, le chrétien, le moderne, le planétaire, l'hespérial (*Abend-land*), chacune devant correspondre à une phase d'éclaircissement de l'être de l'étant, obérée elle-même par une occultation de l'être.

Heidegger inaugure sa *Lettre* par l'évocation de l'essence de la pensée et l'établissement de la relation qui unit cette pensée intimement à l'être. Or, la tâche de la pensée consiste, à ses yeux, à accomplir (*vollbringen*) la relation de l'être à l'essence de l'homme. Cet accomplissement ne peut s'effectuer sous le signe d'un engagement dans l'action pour et par l'étant, mais dans la révélation, par le dire, de la vérité de l'être. Par là, Heidegger entend dénoncer la concurrence nuisible qui s'est instaurée entre la pensée et la science. Alors que la pensée métaphysique est envisagée comme activité de raisonnement au service du faire et du produire, la science, par son exactitude fabriquée, ne cesse de réclamer sa supériorité vis-à-vis de l'inefficacité patente d'une pensée. Tout un conflit naît alors d'une mauvaise intelligence de l'identité de la pensée.

En tâchant de répondre à la question de Beaufret : « Comment redonner un sens au mot 'humanisme' ? », Heidegger met en doute l'utilité de ce terme, alléguant son absence dans la grande époque des Grecs. Or, pour lui, la pensée est redevable à l'être lui-même, auquel elle appartient et qui la destine à son écoute. Par là, l'être a pouvoir sur la pensée et de l'essence de l'homme ; il les maintient dans leur propre essence, de sorte que cette dernière puisse se déployer dans ses possibilités d'être[151]. Mais cette pensée s'est très tôt égarée dans le labyrinthe de la subjectivité, en érigeant la raison comme autorité référentielle dans l'explication des causes ultimes. Celant le véritable rapport à l'être, le langage succomba à la tentation de l'objectivation. Il s'empara de tout le réel par la publicité qui prétend que tout est accessible à tous. Le langage devint ainsi un instrument de domination de l'étant[152]. La vérité de

151 Tout l'être de l'homme tient dans l'in-stance et l'ek-sistence, l'in-stance dans l'ouverture de l'être et l'ek-sistence dans le champ déployé par la vérité de l'être : « Il importe alors absolument de penser à la fois l'in-stance dans l'ouverture de l'Être, la prise en charge de l'in-stance (souci) et la persévérance dans l'extrême (être vers la mort), et cela comme l'essence plénière de l'existence » (M. Heidegger, « Qu'est-ce que la métaphysique ? », in *Questions I et II*, op. cit., p. 35).

152 Au lieu d'être le produit de l'homme, la langue est un don de l'être, ou même une modalité insigne de l'avènement de l'être. La langue est la source même de toute parole : « En vérité, c'est la langue qui parle et non l'homme. L'homme ne parle que dans la mesure où il cor-respond à la langue » (M. Heidegger, « Hebel », in *Questions III et IV*, op. cit., p. 61).

l'être, qui doit elle seule fonder la pensée de l'homme, est située au plan des raisons explicatives, faisant du réel un tissu de causes et d'effets. Pour remédier à cet égarement, l'homme doit apprendre à se laisser revendiquer (*sich ansprechen lassen*) par l'être, avant même de dire ce que la possibilité et le régime de l'existence privée lui imposent en termes de mesures de vie et de planification pratique.

Arrivé à ce stade de questionnement, Heidegger assigne à l'homme la tâche de se rendre plus humain en se soumettant à la revendication de l'être. Et il précise que l'ontologie fondamentale ne peut aucunement exclure l'humanité de l'homme qui s'y saisit en son essence. S'évertuant à déterminer l'essence de cette humanité, il passe en revue toutes les conceptions de l'homme depuis l'antiquité romaine jusqu'à la récente conception existentialiste de Sartre. De toutes ces conceptions émerge une évidence, à savoir que l'humanité de l'homme est déterminée à partir d'une certaine interprétation fixe de la nature, de l'histoire, du monde, du fondement du monde, c'est-à-dire de l'étant dans sa totalité[153].

Par conséquent, Heidegger n'hésite pas à taxer tous ces humanismes de métaphysiques. Leur seul tort consiste à prétendre délimiter l'essence de l'homme en référence exclusive à la seule humanité. C'est-à-dire en bannissant toute relation possible que cette essence pourrait entretenir avec l'être lui-même. C'est la raison pour laquelle il faut interroger la métaphysique sur sa propre investigation, avant d'engager la question portant sur la vérité de l'être. Or, toutes les formes de l'humanisme s'accordent pour définir l'homme comme animal *rationale*. Mais cette définition, outre qu'elle obnubile la différence ontologique de l'être et de l'étant, n'explicite en rien comment l'essence de l'homme appartient à la vérité de l'être. Être qui attend toujours que l'homme se le remémore dans la dignité et la circonspection. Une telle conception « humaniste » risque de cantonner l'homme dans le domaine de l'*animalitas*, nanti qu'il est de certaines caractéristiques supérieures.

153 La revue *Le Portique* consacre un numéro spécial à l'analyse de l'impact de la métaphysique occidentale sur la technique moderne (Heidegger. La pensée à l'heure de la technique et de la mondialisation, *Le Portique. Revue de philosophie et de sciences humaines*, 2006, n° 18).

Aux yeux de Heidegger, cette conception appauvrit l'essence de l'homme en ne la pensant pas sur le mode de l'avenir essentiel (*Wesenszukunft*). Ayant la capacité de se tenir dans l'éclaircie de l'être, l'homme ek-siste, non en procédant à une investigation de type rationnel, mais en se livrant à sa mission. Laquelle le convie à penser son essence à la lumière de l'être. L'homme est « là », c'est-à-dire jeté dans l'éclaircie de l'être. Il est l'unique étant qui jouit de la faculté de se tenir extatiquement dans la vérité de l'être. Par là, il a l'insigne chance de posséder le trait fondamental et inédit de l'ek-sistence, chose substantiellement différente de l'*existentia* de la métaphysique occidentale[154].

Dans ce sens, le langage s'avère moins comme un moyen d'extériorisation et d'expression que comme la venue à la fois éclaircissante et occultante de l'être lui-même. Si tel est le cas, l'essence de l'homme ne peut plus se déterminer moyennant les catégories du sujet et de la personne, mais à partir du caractère ek-statique de l'être-là[155]. Caractère qui l'habilite à devenir le lieu (le « là ») de la révélation de l'être, et à déployer son essence dans la projection de l'être.

Voulant se démarquer de l'existentialisme sartrien, Heidegger affirme ainsi que l'essence et l'existence, quel que soit leur rapport, demeurent deux catégories métaphysiques. Leur fonction consiste à occulter le véritable rapport de l'homme à l'être. Cela dit, il y a lieu de se demander pourquoi la pensée occidentale n'a pas pu, selon lui, déceler le destin de l'être. D'ores et déjà, la tâche de la pensée[156] consistera à être attentive à la dimension de la vérité de l'être. Dimension qui englobe l'homme et lui restitue alors toute sa valeur humaine.

---

154 Si « l'essence du Dasein tient dans son existence » (M. Heidegger, *Être et temps*, *op. cit.*, p. 73 ; *Sein und Zeit*, *op. cit.*, p. 56), c'est que l'existence n'est plus perçue dans la figure de la *Vorhandenheit* (être-sous-la-main), mais plutôt dans celle de l'événement (*Ereignis*).

155 Dans le cours du 1er semestre (1941) consacré à l'étude de la liberté humaine chez Schelling, Heidegger montre l'impact de cette assertion sur l'ensemble de l'analytique existentiale (cf. M. Heidegger, *Schelling. Zur erneuten Auslegung seiner Untersuchungen über das Wesen der menschlichen Freiheit*, *GA* 49, Frankfurt, Klostermann, 1991, pp. 34-75).

156 « Ce qui donne le plus à penser est que nous ne pensons pas encore ; toujours pas encore, bien que l'état du monde devienne constamment ce qui donne le plus à penser » (M. Heidegger, *Qu'appelle-t-on penser ?*, *op. cit.*, p. 22).

Il nous incombe donc, selon Heidegger, de montrer comment l'être aborde l'homme et comment il le revendique. L'homme, cet être temporel, qui n'est qu'en tant qu'il ek-siste, c'est-à-dire qu'en tant qu'il s'ek-stase en vue de la vérité de l'être. En ce sens, l'expresssion de *Sein und Zeit* (« La substance de l'homme est l'existence »), ne signifie rien d'autre que la présence de l'homme, dans son essence, à la vérité de l'être, sous le mode de l'ek-sistence. Cette conception de l'homme, défendue dans *Sein und Zeit*, s'oppose à l'humanisme et non à l'homme lui-même. Car elle refuse de cantonner la grandeur essentielle de l'homme dans la subjectivité de l'étant (ou l'étantité du sujet). Elle vise à la hisser au rang d'une présence de sollicitude. Présence attentive à l'immensité insaisissable de l'être et soucieuse de ses multiples lieux d'avènement.

Cela conduit Heidegger à s'interroger sur l'être lui-même, interrogation longtemps oblitérée par la domination de la pensée métaphysique. L'être se manifeste en tant que ce qu'il est, le plus proche et en même temps le plus occulté[157]. Il porte à soi l'ek-sistence et se destine, au sein de l'étant, dans l'éclaircie où réside sa vérité. Loin de justifier sa propre existence et d'en rendre raison par des représentations, l'homme doit accueillir l'être comme ce qu'il est. Il le fait en préservant dans la différence l'être et l'étant, et en veillant au maintien de l'ouverture. Ouverture qui place l'homme au cœur du déploiement qui excède tout étant.

Penser ainsi l'être pour l'être ne se peut que dans l'appartenance et l'assignation réciproques qui lient et différencient, accordent et séparent à la fois l'être et l'homme. Cette relation « extatique » de l'essence de l'homme à la vérité de l'être reste encore à penser. La proximité de l'être se déploie pourtant comme le langage lui-même. Langage qui, étant la maison de l'être, doit s'abstenir des représentations rationnelles et logiques. À partir de l'oubli de l'être et de son délaissement, le langage doit être davantage attentif aux cheminements sinueux de ce qui se dévoile comme de l'être oublié. De la sorte, l'homme habiterait la maison de l'être, tout en se

157 J.-F. Mattéi (*Heidegger. L'énigme de l'être*, Paris, Presses Universitaires de France, 2004) s'interroge sur la pertinence de la question de l'être et sur l'impact qu'elle produit sur l'intelligence de l'histoire de la pensée. La quadruple énigme dont il est question dans cette étude n'est pas sans rappeler la quadruple constellation du *Geviert*.

réclamant de sa vérité et tout en méditant son destin[158]. Heidegger conclut que ce qui est essentiel dans ce jeu, c'est moins l'homme que l'être lui-même.

Ici s'énonce le bien-fondé de la *Lettre*. L'humanisme préconisé par Heidegger n'est pas celui de l'homme souverain de l'être et du monde. Humanisme débridé où l'homme, pourvu de la subjectivité instrumentale du *logos* et réduit à la conscience claire du *cogito*, s'emploie à dominer le monde par ses représentations métaphysiques. Humanisme égocentrique où l'homme tente par tous les moyens de s'ériger en centre de l'univers à l'instar de ce qu'insinue la proposition de Sartre : « Précisément nous sommes sur un plan où il y a seulement des hommes ». Pourtant, aux yeux de Heidegger, la réflexion sur l'être est liée à la méditation du « il y a » (*es gibt*, cela donne, où *es* indique l'être lui-même). Par là, il entend souligner qu'une méditation sur l'être comme présence et sur le temps comme ouverture doit passer par un approfondissement du don et de son sens. L'être n'est ainsi perçu que dans le jeu par lequel il dispense sa présence tout en se celant dans l'abri de l'étant[159]. En affirmant que l'être n'est pas l'étant, il entend rassembler la totalité de l'existence dans la question fondamentale du rapport de l'étant à l'être. Nous rendre attentifs à la différence ontico-ontologique (entre l'être et l'étant), tel est l'objectif du questionnement de Heidegger sur l'être. Être au sujet duquel il se refuse à dire qu'il « est ».

S'efforçant d'expliciter la donation de l'être, il affirme qu'entre celui-ci et l'homme, il y a comme une proximité, une contiguïté qui découle du fait que l'être n'advient que dans le « là » de l'être humain. Il advient dans la mesure où ce dernier s'y expose extatiquement dans le dévoilement. C'est dans cette proximité de l'être que l'essence de l'homme doit se récupérer et trouver son salut. L'être humain trouvera donc ce salut en se libérant de cette absence de patrie où il continue à se fourvoyer. Le destin de

---

158 C'est par la langue que l'homme prendra la mesure de cette habitation : « La parole en tant que sens sensible mesure l'espace qui s'étend de la terre jusqu'au ciel. La langue maintient ouvert le domaine où l'homme, sur terre et sous le ciel, habite la maison de l'être » (M. Heidegger, « Hebel », in *Questions III et IV*, op. cit., p. 64).

159 M. Heidegger, *Lettre sur l'humanisme*, *op. cit.*, p. 86.

l'homme consiste, pourtant, à découvrir la vérité de l'être et à se mettre sur le chemin de cette découverte.

À la lumière de la vérité de l'être, l'essence de l'homme consistera en ce que l'homme est plus que l'homme seul. L'homme passe l'homme sous le mode de la mission de berger dont la pauvreté réside dans l'appel à la sauvegarde de la vérité de l'être. Acceptant ainsi la pauvreté de l'être humain et son échappement à soi, une telle pensée de l'essence de l'homme ne peut se clore sur elle-même. Sa vocation est de pénétrer toujours plus avant dans le simple mystère inépuisable de l'être. À partir de là, Heidegger propose une définition de l'homme, corrélative à sa vocation auprès de l'être. Dans son essence historico-ontologique, l'homme est cet étant dont l'être, comme ek-sistence (*i. e.* à l'écoute de la vérité de l'être) consiste en ceci qu'il habite dans la proximité de l'être. Il s'avère que cette définition constitue le support du véritable humanisme préconisé par Heidegger. Humanisme qui pense l'humanité de l'homme à partir de la proximité de l'être.

La conversion de sens dont le vocable humanisme s'est affecté ne doit pas s'entendre comme une plaidoirie en faveur de l'inhumain, du barbare. Il ne s'agit nullement d'une exaltation de l'arbitraire et de l'absurde. Ni non plus d'un appel au nihilisme, au détriment de la logique des valeurs, de la transcendance et de la réalité même de ce qui est. Car toute opposition n'est pas nécessairement négation, comme le laisse voir la logique du positif et du négatif. Logique enracinée dans le sol de la métaphysique qui se représente l'étant de l'être à travers la généralité d'un concept clos[160].

Cette pensée métaphysique qui croit défendre la logique et l'essence du *logos*, ne fait pourtant qu'accentuer leur égarement, en nommant valeurs des entités telles que Dieu, monde, culture ; elle valorise l'étant subjectivement (en le faisant objet de son faire), sans pour autant le laisser être. Heidegger dénonce l'aspect violent et tyrannique inhérent au *logos* de la métaphysique qui cherche à la fois le fondement premier (dans l'ordre de l'être) et la raison

---

160 La pensée qui apprend à voir le fond abyssal des choses est plus pertinente que n'importe quel *logos* inquisiteur : « La phénoménologie est une science plus scientifique que la science de la nature, surtout si l'on prend science au sens du savoir originel, au sens du mot sanscrit 'wit' = voir » (*Zollikoner Seminare*, éd. M. Boss, Frankfurt, Klostermann, 1987, p. 265).

dernière (dans l'ordre du savoir)[161]. Pour cela, on ne peut pas taxer d'athéisme une pensée qui pense l'essence de l'homme à partir de la relation de cette essence à la vérité de l'être. Laissant l'homme être homme, parlant de lui dans son être-dans-le-monde et son ouverture à l'être, une telle pensée ne décide rien quant à la possibilité (ou à l'impossibilité) pour lui d'une destinée transcendante ou d'une relation à Dieu. La classification courante de théisme et d'athéisme est ici superficielle, trop rapide et impertinente.

À traves ce cheminement, Heideggr établit une différence entre le sacré et le divin. Il nous invite à méditer longuement et patiemment sur les sources et le sens de notre destin, à séjourner auprès de l'être et dans sa lumière. L'attention à l'être, dans la proximité et le voisinage, permet à la pensée méditante d'aborder le sacré. Ce dernier n'est que la détermination dans laquelle peut se déployer le questionnement sur la divinité du dieu. Car l'expérience du sacré semble s'assimiler à celle, vécue par les Grecs, de l'être lui-même. Expérience à laquelle l'avènement du christianisme semble avoir barré l'accès[162]. Dissocier l'humanisme de son emprisonnement métaphysique, telle sera la tâche assignée à cette pensée méditante. Délestée du poids de ses représentations logiques et rationnelles, une telle pensée se tournera vers l'impensé de ce monde. En écoutant l'appel de l'être, elle apprendra à méditer son destin passé, encore présent et à venir, sans prétention aucune à l'infaillibilité.

Comme cette ontologie fondamentale gagne à être concrétisée par une éthique qui s'inspirerait de l'essence de l'homme inondée par la lumière de l'être, Heidegger s'applique, dans la dernière

161 Heidegger conteste la mainmise du *logos* sur la nature : « Pourquoi fallut-il que dans l'ouvert de la *phusis* le *logos*, comme le *nous*, fussent déjà précocement nommés en tant que lieux de fondement de l'être et que tout savoir fût établi en conséquence ? » (M. Heidegger, *Beiträge zur Philosophie, op. cit.*, p. 190).

162 J. Greisch note pourtant « l'importance considérable que Heidegger accorde à l'héritage de l'anthropologie chrétienne-théologique » (voir J. Greisch, *Ontologie et temporalité. Esquisse d'une interprétation intégrale de* Sein und Zeit, Épiméthée, Paris, PUF, 1994, p. 117). M. Zarader (*La dette impensée. Heidegger et l'héritage hébraïque*, Paris, Seuil, 1990) va jusqu'à parler d'une « dette impensée » à l'égard de cet héritage que J. Greisch, dans une visée plus nuancée, entend élargir au patrimoine commun judéo-chrétien.

partie de sa *Lettre*, à retracer l'histoire de l'éthique depuis Platon. Il le fait ainsi en réponse à la requête de son interlocuteur. Il y voit, en remontant plus loin, la région ouverte où l'homme habite. Région grâce à laquelle l'homme laisse venir à lui ce à quoi il appartient dans son essence, à savoir la vérité de l'être. Dans ce sillage, il accorde à la promulgation des lois, activité distinctive de l'éthique d'Aristote et de ses successeurs, moins d'importance qu'à celle de la découverte, par l'homme, du séjour (*êthikos*) où se destine la vérité de l'être[163].

À l'objection que cette pensée risque de demeurer théorique, Heidegger répond qu'elle précède la bipolarité théorique-pratique et l'ignore entièrement, orientée qu'elle est vers l'être, et uniquement vers lui. Elle enseigne à l'homme comment construire la maison de l'être et, par là, à expérimenter la véritable habitation sur terre. En conduisant l'humanité ek-sistante ves la contrée de l'indemne, elle lui révèle un lieu de combat, déployé par l'être, entre l'indemne et le malfaisant. Heidegger révèle ici l'identité du néant et de son rapport à l'être[164]. Pour lui, l'homme est sollicité à maintenir l'existence attentive à ce qui n'est rien d'étant. Il le fera sans, pour autant, s'engloutir dans l'abîme du nihilisme. Car le rien est le « voile de l'être ». Et la « sentinelle du Néant » est identique au voisin de l'être qui n'est pas seulement le maître despotique de l'étant, mais encore et plus fondamentalement le « berger de l'être ». Mais l'homme n'est capable d'assumer ces deux tâches que

---

163 Au cours du semestre d'hiver (1921-1922), Heidegger propose une définition de la philosophie qui exclut toute préoccuption d'ordre pratique. La philosophie est fondamentalement « éclaircissement (*Erhellung*) de la vie factuelle, (...) un éclaircissement qui comprend de façon principielle » (M. Heidegger, *Phänomenologische Interpretationen zu Aristoteles. Einführung in die phänomenologische Forschung*, *op. cit.*, p. 26). Toute insistance sur la praxis et l'agir, de quelque nature qu'elle soit, y est taxée de « véritable aveuglement » (*Ibid.*).

164 Si « l'être est identique au néant », c'est parce que ce dernier a la capacité de dévoiler l'altérité radicale de l'être : « Le néantir n'est pas un accident fortuit, mais en tant qu'expulsion par répulsion sur l'existant qui glisse dans tout son ensemble, c'est lui qui révèle cet existant dans sa parfaite étrangeté jusqu'alors voilée, qui le révèle comme radicalement autre » (M. Heidegger, « Qu'est-ce que la métaphysique ? », in *Questions I et II*, *op. cit.*, p. 37). Si tel est le cas, la présence peut surgir de l'absence : « L'originaire est une levée à partir du néant ontologique, c'est-à-dire du retrait inscrit dans le déploiement même de l'éclosion ou de la venue » (R. Schürmann, *Le principe d'anarchie. Heidegger et la question de l'agir*, Paris, Seuil, 1982, p. 171).

dans la mesure où il demeure à l'intérieur de l'ouverture résolue de l'être-là.

Dans cette perspective, seul l'être est capable d'assigner à l'homme ce qu'il a à entreprendre en vue de déployer son existence en direction de la vérité de l'être. Façonnée par la raison humaine, l'autre éthique est vouée à la perdition. Car c'est une éthique qui ne se localise pas dans le séjour où l'homme exerce la sublime fonction de gardien de l'être.

Clôturant sa *Lettre*, Heidegger explicite la relation de la pensée méditante à la bipolarité théorique-pratique qu'exige la philosophie comme configuration possible de son efficacité[165]. Pour pouvoir s'acquitter d'une telle tâche d'explicitation, il fait appel au langage et à son rôle fondamental. Ce dernier, rebelle à toute cohérence systématique (œuvre de la subjectivité dominatrice), s'avère une réponse sobre à l'appel toujours premier de l'être. Réponse qui porte l'être à la parole. De plus, le langage recueille ce qui est dans la simplicité de la parole. Il permet ainsi à l'homme parlant de retrouver une proximité dans la distance. Ce faisant, il édifie un monde où l'homme puisse être chez lui et où toute chose puisse trouver sa place.

Grâce à sa vocation d'être « la maison de l'Être », et non en raison des efforts de l'homme, le langage peut être tout cela. Cette nouvelle tâche du langage ne peut être assumée sous l'égide de la pensée représentative régnante, « sous l'ombre immense de Hegel »[166]. Une nouvelle ère doit s'inaugurer où doivent être définitivement abandonnées une perspective de réponse dernière aux questions, une totalisation systématique visant à rendre compte intégralement de tout ce qui est, et une subjectivité pourvue instrumentalement du *logos* qui lui permet de se placer au centre de l'univers et de dominer le monde par sa représentation. La pensée future est invitée à embrasser « une manière de penser absolument nouvelle », à redescendre dans la pauvreté de son essence, rassemblant le langage en vue du « dire » simple.

---

165 Cf. A. Gethmann-Siefert, O. Pöggeler (éd.), *Heidegger und die praktische Philosophie*, Frankfurt, Suhrkamp, 1988.

166 Cf. M. Heidegger, *Hegels Phänomenologie des Geistes*, *GA* 32, Frankfurt, Klostermann, 19973 ; M. Heidegger, *Hegel. 1. Die Negativität. 2. Erläuterungen der « Einleitung » zu Hegels « Phänomenologie des Geistes »*, Frankfurt, Klostermann, 1995.

En guise de conclusion, l'on peut dire que la *Lettre* nous livre un condensé éclairant de l'anthropologie ontologique préconisée par Heidegger. L'homme y est perçu en fonction de son rapport exclusif à l'être. Si donc Heidegger s'intéresse à l'homme, c'est uniquement en raison du droit exclusif que possède ce dernier. Droit qui l'habilite à laisser advenir et l'être et la question de l'être. En l'homme seul se déploie ainsi la manière dont l'être se laisse interroger et dévoile sa vérité. L'humanité de l'homme ne pourra donc plus, selon Heidegger, se contenter de méditer tel ou tel secteur de l'étant. Elle est foncièrement concernée par la totalité de l'être. Totalité qui avoisine le néant. Mais c'est un néant qui aménage une distance de révélation. Dans l'ouverture de cette distance se dessinent enfin les traits qui ébauchent l'identité de l'être humain.

Chapitre troisième

Impasses et ouvertures de l'anthropologie heideggerienne

Il va sans dire que l'anthropologie heideggerienne se trouve impérativement contingentée par l'héritage grec présocratique. Le terme lui-même peut paraître inapproprié[167]. Cependant, la visée initiale de Heidegger demeure fortement orientée vers la réinsertion de l'homme dans la dynamique de l'être. Sans devoir répertorier tout le réseau d'influences subies, il suffit de se rappeler que la réaction heideggerienne vis-à-vis de la modernité conditionne la révision de toute la vision anthropologique héritée des *Lumières*. L'homme heideggerien se trouve, pour ainsi dire, aux antipodes de l'homme moderne, l'homme de la souveraineté rationnelle et de la domination technique[168]. L'identité du *Dasein* n'est plus à modeler comme une glaise malléable ; elle est plutôt lieu d'avènement d'une interpellation qui entend respecter ce qui se déploie dans le champ de l'ek-sistence.

Cependant, la tentative heideggerienne de repenser l'humanité de l'homme ne saurait renier ce qui est proprement humain en l'homme, à savoir son désir de s'ouvrir à soi-même et à l'être. Or, c'est là que le bât blesse. Car, si le désir ontologique est inscrit au fond de l'être humain, c'est que la subjectivité de l'homme se trouve, par nature, portée vers la méditation ontologique. Mais cette dernière doit-elle nécessairement s'égarer dans l'exil et l'aliénation[169] ? Y a-t-il, sinon, un autre chemin suceptible de

---

167 Cf. le chapitre quatre de la première partie où l'usage du terme anthropologie est examiné à la lumière de la visée fondamentale de l'ontologie heideggerienne.

168 Sentinelle du Néant, l'homme heideggerien est préposé à la garde du retrait de l'être ; il lui incombe de sauvegarder ce retrait, car la vérité est par essence retenue, réticence et réserve : « La vérité est non-vérité dans la mesure où lui appartient le domaine de provenance du non-encore-éclos, au sens de la réserve » (M. Heidegger, « L'origine de l'œuvre d'art », in *Chemins qui ne mènent nulle part*, *op. cit.*, p. 63).

169 Le chemin proposé par Heidegger relève presque d'un itinéraire mystique : « Le séjour le plus proche et le plus heureux (...), le plus familier et le plus connaturel apparaît comme le plus inappropriable et le plus éloigné. Il faudra renoncer à s'y trouver spontanément 'chez soi', accpeter l'exil,

conduire la pensée à la rive de l'interrogation concluante ? Faut-il, donc, distinguer deux types d'humanisme et de rationalité, au lieu d'incriminer toute forme d'humanisme et de dénoncer toute rationalité qui s'en réclame ?

Ce chapitre se propose d'évaluer l'anthropologie heideggerienne à la lumière de cette distinction et en référence aux exigences de cohérence et de sens que requiert toute discursivité philosophique responsable. En effet, un discours philosophique, si « ontologique » soit-il, n'est susceptible de validité et de communicabilité rationnelles que s'il peut exhiber une cohérence univoque exempte de toute ambiguïté. Même dans son versant « mystique », le langage philosophique se doit d'observer les règles de la clarté conceptuelle et de la fidélité par rapport au réel. Sous prétexte de vouloir laisser dire ce qui ne se dit pas dans le déploiement historial de l'être, Heidegger risque d'infirmer toute validité cognitive et de compromettre toute forme de rationalité.

1. L'obstacle terminologique

La terminologie heideggerienne de la *Lettre*, comme d'ailleurs celle qui s'offre dans les autres écrits de Heidegger, se colore des teintes d'un mysticisme déroutant. La chose paraît si évidente dans l'œuvre heideggerienne qu'il serait oiseux de la discuter. Ce qui est cependant primordial, du point de vue de cette terminologie anthropologique, c'est de pouvoir partir d'un référent avec lequel l'homme à qui la *Lettre* s'adresse se sente spontanément concerné. Or, il semble que le concept d'être est le concept le plus utilisé, et en même temps le moins expliqué. Dans ce cas jouent des nécessités afférant à l'herméneutique heideggerienne de

l'éloignement à l'étranger, pour espérer recouvrer la proximité énigmatique et distante du familier » (M. Haar, « La demeure et l'exil : Hölderlin et Saint-John Perse », in *Les symboles du lieu. L'habitation de l'homme*, Paris, Éditions de l'Herne, 1983, p. 25). Dans une perspective optimiste, J. Greisch semble accorder à l'*Ereignis* une portée salutaire imprimant une « détermination eschatologique » à l'ontologie : « C'est pourquoi l'accord qui inaugure toute histoire 'dépasse' les uns et les autres, et appartient à une autre instance : le sacré qui est un des noms de l'*Ereignis* » (J. Greisch, *La parole heureuse*, Paris, Beauchesne, 1987, p. 334).

déconstruction[170]. Herméneutique d'interrogation radicale entreprise et poursuivie dès les premiers écrits. L'analyse critique de l'expression et du style de la *Lettre* montre des défaillances et des lacunes qui risquent d'en hypothéquer le contenu.

Maintes répétitions gonflent le contenu initial de la *Lettre*[171]. La même idée est reprise dans un style ample et riche en images brillantes. Comme si Heidegger semblait ressasser la même question en vue de la délivrer dépourvue de toute pétrification. Mais ce procédé stylistique saccade le cheminement du raisonnement. De plus, il scinde l'unité de la logique de la *Lettre* en une infinité d'énoncés reliés les uns aux autres par des transitions de type souvent interrogatif confinant à la maïeutique.

L'effet de ces répétitions est amplifié par la fréquence de certaines digressions[172]. Ces dernières semblent chargées d'une fonction précise. Heidegger s'y livre pour cimenter l'hétérogénéité des propositions qui ont vu le jour dans sa *Lettre*. En même temps, il entend déjouer toute stratégie qui se laisserait aligner sur le modèle de la rationalité calculatrice et objectivante. Mais ces mêmes digressions risquent de perturber l'équilibre de l'exposé. Leur tort consiste à engager la réflexion dans des chemins

---

170 Dans une lettre du 27 juin 1922 à Karl Jaspers, Heidegger entend la déconstruction comme une critique de la « vieille ontologie » grecque (M. Heidegger, K. Jaspers, *Briefwechsel 1920-1963*, Frankfurt, Klostermann, 1990, p. 27).

171 Souvent sous la même allure, ces idées exposées dans la *Lettre* sont reprises dans les endroits suivants : l' ek-sistence est l'instance extatique dans la proximité de l'Être (pp. 57, 61, 75, 81, 95, 111, 119, 131, 133, 155, 163) ; l'homme est revendiquée par l'Être (pp. 43, 57, 73, 155, 169) ; l'homme est considéré comme *animal rationale* (pp. 53, 65, 83, 107) ; la métaphysique ne pose pas la question de la différence de l'Être et de l'étant (pp. 53, 79, 82, 101) ; l'homme doit veiller sur la vérité de l'Être (pp. 77, 85, 109, 115, 119, 139, 145, 155, 161) ; le langage est la maison de l'Être (pp. 85, 113, 155, 163) ; la pensée ne dépasse pas la métaphysique en la surmontant (pp. 71, 91, 139) ; l'oubli de l'Être dans la pensée métaphysique (pp. 31, 51, 81, 85, 101) ; l'inutilité du terme « humanisme » (p. 35, 85, 117, 119).

172 Ces digressions se profilent aux jointures suivantes de la *Lettre* : évocation des méfaits de la publicité (p. 38) ; mention des égarements du biologisme et de la physiologie (p. 59) ; évocation de l'absence de patrie (p. 97) ; évocation de la possibilité des dieux dans la visée de l'analytique existentiale (p. 135) ; insertion d'une réflexion quelque peu sinueuse sur le néant et son rapport à l'Être (p. 157).

d'obstruction. Lequels rendent l'accès au discours de Heidegger aussi périlleusement difficile que déroutant.

En raison de son vocabulaire, il est malaisé de pénétrer la pensée de Heidegger. Cela se vérifie aussi bien dans cette *Lettre* que dans la majeure parite de ses écrits. L'ambiguïté du texte heideggerien s'aggrave par l'usage plurivoque et emphatique, voire prophétique, du terme « être ». Certains autres vocables indispensables à l'intelligence de la pensée de l'être n'échappent pas au même sort. Une série de citations[173] dénotent l'ampleur de ce langage symbolique, doté de plusieurs facettes et nanti d'une déroutante puissance d'évocation. Une telle expression philosophique ne laissera pas de justifier la pluralité d'interprétations que pourrait susciter le texte heideggerien. D'autant plus que Heidegger semble avoir cédé à une facilité de plume et avoir risqué des formules poétiques qui offusquent plus qu'elles n'éclairent[174].

Ces quelques considérations techniques qui se rapportent à la *Lettre*, peuvent être appliquées également aux autres écrits de Heidegger. C'est que le langage de Heidegger, que d'aucuns qualifient de « jargon », demeure rebelle à toute récupération rationnelle. En pliant sa pensée aux inflexions du langage poétique[175], Heidegger semble vouloir échapper à toute

---

173 « Le langage est la maison de l'Être » ; « leur (les penseurs) veille est l'accomplissement de la révélabilité de l'Être » (p. 27) ; « l'homme doit (...) apprendre à exister dans ce qui n'a pas de nom » (p. 43) ; « s'il (l'être vivant) est le plus proche parent » (p. 63) ; « le langage est la venue à la fois éclaircissante et celante de l'Être lui-même » (p. 65) ; « cet Être dont le destin est de destiner » (p. 67) ; « mais plus proche que le plus proche et en même temps plus lointain pour la pensée habituelle que son plus lointain est la proximité elle-même : la vérité de l'Être » (p. 81) ; « restons (...) comme des voyageurs en marche vers le voisinage de l'Être » (p. 115).

174 À titre d'exemple, l'on peut citer la manière dont Heidegger articule parole et dire, lequel n'est qu'une redite de l'écoute du Dict de l'être : « La parole d'un tel dire devient ainsi re-disante, devient poésie. Son parler divulgué garde le Dict comme l'essentiellement indivulgué » (M. Heidegger, *Acheminement vers la parole*, *op. cit.*, p. 73).

175 Seul le langage poétique est à même d'honorer la vérité de l'être. La pensée elle-même doit se faire poétique pour pouvoir habiter dans la proximité de cette vérité sous la figure de sentinelle de l'être : « Chanter et penser sont les deux troncs voisins de l'acte poétique. Ils naissent de l'Être et s'élèvent jusqu'à sa vérité » (M. Heidegger, « L'expérience de la pensée », in *Questions III et IV*, Paris, Gallimard, 1976, p. 159).

surveillance et à toute réclamation. Nombre de termes et de tournures à double entente, ou même à triple entente, laissent glisser le style heideggerien sur la pente dangereuse de l'arbitraire. À telle enseigne que l'anthropologie heideggerienne, si l'on peut qualifier ainsi sa vision de l'homme, se trouve compromise par des ambiguïtés et des obscurités terminologiques indéracinables. La question demeure donc entière de savoir si la nouvelle ontologie requiert fatalement un tel ébranlement. Au lieu de dégager les idées et concepts de leur gangue, le mouvement de forage entrepris par Heidegger risque de les enfoncer davantage dans l'indécision. La nouvelle figure de l'homme, tant voulue par la pensée de l'Être, risque d'en pâtir de manière dramatique.

2. *Les contours flous d'une nouvelle figure de l'homme*

La nouvelle pensée de l'être entend introduire une nouvelle attitude d'écoute de l'être. Attitude qui permettra à l'homme de retrouver sa dignité de « berger de l'être ». Le questionnement fondamental de l'être devient, dès lors, le lot privilégié de cet être humain dont le destin est d'habiter poétiquement le monde[176]. Mais alors qu'advient-il de la raison et de la rationalité ? Et quel sort doit-on réserver au pouvoir créateur de la représentation ? Faut-il, pour ainsi dire, éliminer cette capacité imaginatrice de la conscience ? Ou bien serait-il plus approprié de la convertir en fonction de la tâche inouïe que l'être ne cesse de lui assigner discrètement ? Une dernière relecture du contenu de la *Lettre* devra permettre d'évaluer la portée de la critique heideggerienne de l'humanisme en en montrant les limites et les promesses.

En effet, Heidegger affirme qu'à toute conception de la physique, de la culture, de la technique correspondent

---

176 Selon Heidegger, la véritable habitation n'a rien à voir avec le déroulement monotone de la quotidienneté : « Riche en mérites, c'est poétiquement pourtant que l'homme habite sur cette terre » (M. Heidegger, *Approche de Hölderlin*, *op. cit.*, p. 41 ; *Erläuterungen zu Hölderlins Dichtung*, *op. cit.*, p. 36). C'est donc sous le signe de la migration que s'effectue ce séjour : « Partout cependant une telle migration demeure fondamentale pour celui dont le séjour se déploie entre ciel et terre, naissance et mort, joie et douleur, œuvre et parole. Si nous appelons monde cet intervalle multiple, le monde alors est la maison qu'habitent les mortels » (M. Heidegger, « Hebel », in *Questions III et IV*, op. cit., p. 51).

respectivement une métaphysique, une métaculture, une métatechnique[177]. L'association s'opère en vertu de l'union indissociable de l'étant et de la totalité de la civilisation. Autrement dit, elle s'opère en vertu de l'insertion de l'étant dans l'épaisseur de l'histoire. Or, cette visée est corrélative d'une dichotomie. Cette dernière sépare l'étant disponible de l'être impensé. Disponible, l'étant l'est sous les formes successives qu'il a prises et qui ont modelé notre civilisation. Quant à l'être encore impensé, son occultation destinale en prépare de loin l'imprévisible manifestation.

Mais cela risque de figer la pensée humaine dans une impasse appauvrissante. Car, malgré l'impact indéniable de l'approche heideggerienne, l'on ne devra pas renoncer à entreprendre une démarche de réconciliation. Démarche qui nous permettra de surmonter cette opposition en relisant autrement l'histoire et en réévaluant le rapport nature / culture : « En effet, dès lors qu'on s'efforce de retrouver la valeur éventuelle des développements historiques, de réévaleur la présence et la responsabilité de la parole dans la gérance de la nature, on est nécessairement conduit à une appréciation nuancée de l'étant : celui-ci n'est sans doute pas ce qui occulte l'être ; il peut être aussi ce qui le manifeste, tandis que l'être pourrait bien ne jamais advenir, si on pose a priori son absolue séparation de l'étant »[178]. Il s'ensuit que tout voilement de l'être n'est plus préjudiciable en lui-même, c'est-à-dire indépendamment de son instrumentalisation. L'étant se manifeste ainsi comme le seul lieu historique possible de l'avènement de l'être. Par conséquent, son statut ne saurait être contesté sous prétexte de menacer la pleine révélation de la vérité de l'être. Cette révélation doit s'accommoder de cette finitude et des représentations qu'elle conditionne immanquablement.

Dans sa *Lettre*[179], Heidegger souligne que la pensée, à l'ère de l'ontologie fondamentale, doit s'abstenir des représentations[180] et

177 Il serait intéressant d'examiner, dans la récente publication du volume 76 de l'œuvre complète, la manière dont Heidegger analyse et justifie le rapport de la métaphysique occidentale et de la science moderne (M. Heidegger, *Leitgedanken zur Entstehung der Metaphysik, der neuzeitlichen Wissenschaft und der modernen Technik*, *GA* 76, Frankfurt, Klostermann, 2009).

178 G. Lafont, *Dieu, le temps et l'être*, Paris, Cerf, 1986, p. 124.

179 M. Heidegger, *Lettre sur l'humanisme*, *op. cit.*, p. 113.

des assertions. Elle doit apprendre, dans le silence, à accueillir l'avènement de la vérité de l'être dans le langage. Mais cette attitude d'attente et d'écoute de la pensée est-elle encore concevable de nos jours ? La pensée, avec ses acquisitions colossales dans les divers secteurs des sciences humaines, pourrait-elle céder la place aux manifestations imprévisibles et incontrôlables de l'être en se retranchant gracieusement dans un mutisme désertique ? L'apophatisme est-il la seule issue possible aux impasses de la discursivité rationnelle, elle-même hypothéquée par la finitude de l'existence humaine ?

En réalité, Heidegger n'élucide pas suffisamment le type de « connaissances » que la nouvelle « pensée » aurait à acquérir, ni même les conditions de possibilité de ces connaissances et les moyens d'y parvenir : « Mais être attentif à la convenance du dire pensant n'inclut pas seulement qu'à chaque fois nous réfléchissions à ce qui est à dire de l'Être et au comment cela est à dire. Tout aussi essentiel reste à penser *si* (sic) on peut dire ce qui est-à-penser... »[181]. Dans le même contexte, il insiste sur le fait que « cette pensée est la pensée de l'Être et rien d'autre... ». Il précise, en outre, qu' « une telle pensée n'a pas de résultat. Elle ne produit aucun effet (...) elle laisse l'Être – être »[182]. Une pensée de l'être qui ne s'exprime que par elle-même risque fort de verser dans la tautologie.

Si donc cette pensée n'apporte rien à l'homme et au monde, c'est qu'elle se contente de se préserver des tentations inhérentes à la rationalité humaine qui s'active dans ce monde. Or, le monde est habité par les hommes, et les hommes sont des êtres qui cherchent à accroître leur pouvoir de compréhension. L'excès de formalisme

---

180 « Avons-nous pour autant le droit (...) de sortir de la représentation, au milieu du drame de l'étant, pour « penser » cette même représentation à l'aide de la différence ontologique ? Heidegger peut-il penser en direction du fondement de la métaphysique qui cherche à fonder l'étant dans sa présence ? » (J.-F. Mattéi, « Le crépuscule de la philosophie », in *Les Études Philosophiques*, 1986, p. 50).

181 M. Heidegger, *Lettre sur l'humanisme*, *op. cit.*, p. 171.

182 M. Heidegger, *Lettre sur l'humanisme*, *op. cit.*, p. 155. Sur la question de la perception heideggerienne de l'agir et des limites de cette perception, voir J. Taminiaux, « *Poiesis* et *praxis* dans l'articulation de l'ontologie fondamentale », in F. Volpi *et al.* (éd.), *Heidegger et l'idée de la phénoménologie*, Dordrecht, Kluwer, 1988, pp. 107-126.

porte atteinte à l'intelligibilité du monde et de l'existence. À force de vouloir saisir le fond désincarné de tout le réel, la pensée de l'être finira par abandonner l'être humain vivant et souffrant : « Le formalisme existential éloigne indéfiniment l'existentiel ; l'originaire du temps diminue furtivement la portée de l'élan authentique ; la facticité, même refusée, introduit un défaut impossible au cœur du projet de soi »[183]. C'est que l'être humain n'est pas une structure épurée des aléas de l'histoire. Il est, bien au contraire, le lieu où se traduisent les tensions profondes et concrètes de la vie. Tensions qui manifestent les cicatrices béantes des défaillances éprouvées et des fragilités assumées.

Car, en dernière instance, ce sont les épreuves humaines qui présupposent une intelligibilité foncière propre à la nature du monde[184]. Sans cette intelligibilité, tout commerce avec le monde devient caduc. À l'origine, la pensée de Heidegger voulait guérir l'époque moderne des méfaits de la rationalité[185]. Mais elle s'est obstinée à se maintenir résolument dans l'incertitude de pronostiquer un ersatz compensatif. Incertitude qui correspondrait plutôt à l'indécision de l'être lui-même à l'ère atomique. Selon cette optique, l'homme ne serait plus responsable de l'absence d'une alternative rationnelle. Car, ultimement, c'est l'être lui-même qui se refuserait à se livrer dans une parole intelligible.

En critiquant la rationalité comme avatar d'une métaphysique oublieuse de l'être[186], Heidegger risque d'encourir la sentence d'une condamnation tellement périlleuse qu'elle menace de saborder

---

183 M. Haar, *Heidegger et l'essence de l'homme*, Grenoble, Jérôme Millon, 1990, p. 14.

184 Cette intelligibilité n'est pas compromise par le caractère énigmatique ou mystérieux de la nature, laquelle est considérée par Heidegger comme « éclosion-retrait de tout étant dans sa présence-absence » (M. Heidegger, « Hebel », in *Questions III et IV*, *op. cit.*, p. 58). Tout au contraire, ce caractère rebelle à la saisie rationnelle ne fait que motiver le désir légitime de compréhension et amplifier en l'homme la vertu d'humilité congitive.

185 Voir M. Heidegger, *Seminare. 1. Die metaphysischen Grundstellungen des abendländischen Denkens. 2. Einübung in das philosophischen Denken*, *GA* 88, Frankfurt, Klostermann, 2008.

186 Au cours de l'enseignement donné à l'université de Fribourg (1919-1923), le voir phénoménologique lui-même était soupçonné de connivence théorique ; le dérapage de thématisation risque alors de livrer la pensée à la pure théorisation rationnelle (M. Heidegger, *Zur Bestimmung der Philosophie*, *GA* 56/57, Frankfurt, Klostermann, 1987, p. 111).

toute rationalité aussi bien « éthique » qu'« argumentative » : « La critique de la rationalité métaphysique doit se conduire à partir d'une rationalité postmétaphysique, rationnelle justement parce que postmétaphysique (...). D'une façon ou d'une autre, Heidegger argumente dans ses écrits, même si c'est pour lutter contre les excroissances de l'argumentation logique. Cette prise en compte tacite des ressources de l'argument repose cette fois sur ce que l'on pourrait appeler la « rationalité argumentative » la plus élémentaire (...). Aucune dénonciation du rationalisme ne saurait rejeter du revers de la main la question qui s'enquiert de la motivation (des « raisons ») et des assises argumentatives d'une telle critique. Peut-on critiquer la raison sans raison(s) ? Les hommes ne sont pas à ce point déraisonnables »[187]. Il est clair que la critique heideggerienne de la rationalité ne peut jamais abdiquer tout recours à la raison.

Même si la métaphysique occidentale a souvent été tentée d'assimiler l'*humanitas* de l'*homo humanus* à cette rationalité raffinée à l'extrême et dépouillée de tout soupçon d'inexactitude et d'inéquation, il demeure impossible de l'y épuiser. Car l'humanité de l'homme ne se réduit pas à la performance rationnelle. Cependant, cette dernière demeure le passage obligé de toute intelligence de l'identité humaine. Au risque de succomber à la tentation de l'irrationalisme le plus intenable, l'on ne doit donc jamais renoncer à un certain usage de la raison. Usage qui se propose de servir la cause de la pensée en tant qu'instance de discernement pour tout discours argumentatif et en tant que critère d'authenticité éthique.

En effet, la pensée humaine est à même de relever le défi de l'interpellation ontologique. L'immense étendue de ses performances l'habilite, en quelque sorte, à appréhender les différentes formes de dévoilement que l'être ne cesse de revêtir. Le recensement calculateur et la classification catégoriale n'en sont pas les seuls champs d'investigation[188]. La question est donc de savoir

---

[187] J. Grondin, « La persistance et les ressources éthiques de la finitude chez Heidegger », in *Revue de métaphysique et de morale*, 1988, n° 93, pp. 23-24.

[188] Si Heidegger estime que « la beauté est un mode d'advenir de la vérité » (M. Heidegger, « L'origine de l'œuvre d'art », in *Chemins qui ne mènent nulle part*, *op. cit.*, p. 62), l'on peut, en toute légitimité, mener une réflexion sérieuse et responsable sur le sens et l'impact de cette éclosion. Une telle réflexion épousera la forme d'une méditation respectueuse de la réserve inhérente à la

s'il est possible de dissocier la pensée humaine de tout processus de validation. La préférence pour l'œuvre apophantique du *logos* présocratique ne devrait pas infirmer le recours à une rationalité elle-même soucieuse de la vérité de l'être. C'est pourquoi l'on peut se demander comment Heidegger parvient à justifier sa préférence pour un *logos* plus rigoureux que celui de la science et de la philosophie : « Comment Heidegger peut-il connaître cela ? Comment peut-il le dire en prétendant à la vérité ? Comment peut-il le justifier ? »[189]. Car le fait de dénoncer, par la langue, l'emprise de la métaphysique, et le fait de défendre, par la langue, l'avènement d'une autre approche de l'être, trahissent une forme de rationalité tout aussi ambitieuse et tout aussi déterminante que celle qui prévaut dans la métaphysique de la représentation.

Si la pensée représentative porte préjudice à la dignité de l'être, il ne conviendra pas de la congédier en bloc. Car la représentation est le mode d'intellection qui permet à l'homme d'aborder la réalité. C'est-à-dire de sortir de soi-même et d'ek-sister réellement dans le monde. Mais cette ouverture au monde peut s'effectuer de multiples manières. Ricœur ne se trompe point quand il critique l'exclusivisme heideggerien : « La tendance actuelle à englober toute la pensée occidentale dans la grande nébuleuse du mot 'représentation' appelle les mêmes remarques. On oublie qu'en philosophie les mêmes mots ne cessent de revenir avec le sens chaque fois nouveau que leur confère la constellation de sens du contexte »[190]. En vérité, Ricœur plaide pour un discours sur l'être

---

vérité de l'être ; mais elle pourra aussi exercer un jugement de clairvoyance critique vis-à-vis des modalités d'éclosion et d'insertion dans la quotidienneté interhumaine.

189 K. O. Apel, « Esquisse d'une théorie philosophique des types de rationalité. Le défi d'une critique totale de la raison », in *Le débat*, 1988, n° 49, mars-avril, p. 145 ; voir aussi K. O. Apel, *Transformation der Philosophie*, t. I, Suhrkamp, 1973).

190 P. Ricœur, *La métaphore vive*, Paris, Seuil, 1975, p. 396. Ricœur poursuit sa critique de la « prétention heideggerienne » dans les termes suivants : « Le prix de cette prétention est l'invincible ambiguïté des dernières œuvres, partagées entre la logique de leur continuité avec la pensée spéculative et la logique de leur rupture avec la métaphysique. La première logique place l'*Ereignis* et le *es gibt* dans la lignée d'une pensée sans cesse en voie de se rectifier elle-même, sans cesse en quête d'un dire plus approprié que le parler ordinaire, d'un dire qui serait un *montrer* et un *laisser-être*, d'une pensée, enfin, qui jamais ne renonce au discours. La seconde logique conduit à une

désolidarisé d'une forme de la « représentation » telle qu'elle a été dénoncée par Heidegger. Pour lui, cependant, la gestation de nouvelles connotations sémantiques, au sein du même vocable, loin de verser dans le langage exclusif de la métaphysique, permet à la pensée d'effleurer un dire narratif sur l'être. Un dire différent, mais aussi pertinent et enrichissant, qui serait un « montrer », un « laisser-être ».

Tout ce qui précède montre le caractère problématique de l'anthropologie ontologique. Certes, le projet « ontologique » de Heidegger consiste ultimement à faire advenir une nouvelle identité de l'être humain. Car, selon lui, il s'agit de rompre définitivement avec toutes les déterminations humanistes et essentialistes de l'humanité de l'homme. Déterminations qui ont précédé l'avènement de sa propre pensée, ou plutôt, qui ont précédé l'avènement de la pensée de l'être, où l'être lui-même prend l'initiative d'inaugurer l'époque hespériale. C'est ainsi que Heidegger se déclare ouvertement contre l'humanisme.

Toutefois, cette position radicale appelle quelques remarques interrogatives. Sur quoi se fonde-t-il pour déclarer insuffisantes et parcellaires toutes les approches de l'homme qui ont été élaborées à travers l'histoire de la pensée ? Même si on lui autorise de s'appuyer sur l'hégémonie affreuse de la technique moderne pour dénoncer une pensée qui s'en réclame et s'y apparente, est-il pourtant équitable d'extrapoler du négatif et du fautif une visée de réforme qui jetterait le bébé (les acquis et promesses des sciences humaines) avec l'eau du bain (les séquelles « déshumanisantes » de la rationalité) ? En d'autres termes, en quoi la nouvelle détermination de l'essence de l'homme, envisagée sous l'angle de l'ek-sistence comme instance extatique dans la vérité de l'être, pourrait-elle compenser l'insuffisance des anciennes déterminations ? En vertu de quoi l'homme « jeté par l'Être » et

---

suite d'effacements et d'abolitions, qui précipitent la pensée dans le vide, la ramènent à l'hermétisme et à la préciosité, et reconduisent les jeux étymologiques à la mystification du « sens primitif ». Plus que tout, cette seconde logique invite à affranchir le discours de sa condition propositionnelle, oubliant la leçon hégélienne concernant la proposition spéculative, qui est encore proposition. C'est ainsi que cette philosophie redonne vie aux séductions de l'inarticulé et de l'inexprimé, voire à quelque désespoir du langage, proche de celui de l'avant-dernière proposition du *Tractatus* de Wittgenstein » (*Ibid.*, p. 398).

sollicité pour la veille sur la vérité, est-il plus révélateur de l'essence de l'homme que le sujet pensif ou le moi libre de la pensée occidentale ?[191]

En réévaluant l'humanisme, Heidegger invite, en fait, la pensée à se désolidariser de la pensée métaphysique. Cette dernière aurait gravement péché en déterminant l'humanité de l'homme en tant que foyer où se déploie dans toute son intensité la rationalité objectivante du sujet. Pour lui, en effet, l'humanité requiert sa véritable identité dans la mesure où elle se tient extatiquement dans la proximité de l'être. Par conséquent, l'existence, au sein de laquelle l'humanité devait déployer son essence, se réduit à une « habitation ek-statique dans la proximité de l'être ». Or, n'y a-t-il pas là un appauvrissement de ce foyer de créativité, de ce creuset d'échanges qu'est l'existence ? N'y a-t-il pas là une grave méprise sur le sens de cette existence, elle-même conçue comme le lieu privilégié où se déroule la vie de l'homme ? N'y a-t-il pas là un injustifiable aveu d'impuissance au seul bénéfice d'une attente léthargique de respect et de vénérabilité à l'égard du « césarisme » despotique de l'être ? Ne risque-t-on pas là de dissocier l'être humain de toute autre forme d'être ? N'y a-t-il pas là une forme d'obsession ontologique qui rejette tout ce qui ne relève pas de l'être ?

Dans le même sens, Heidegger précise que le propre de l'être est d'être la « force tranquille du possible »[192], c'est-à-dire d'avoir « pouvoir » sur l'essence de l'homme. Ce qui revient à la garder dans son essence, à la maintenir dans son élément. Or, l'essence de l'homme réside dans le fait d'être à l'écoute de l'être qui, comme

---

191 « L'homme n'est pas – ou n'est plus – le créateur de l'être (...) ; l'être de l'homme se caractérise – et, au fond, s'épuise – par la compréhension (...) de l'être. (...) L'accession à la présence le définit mais sans qu'il se confonde avec cette présence (...). De surcroît, si l'homme est maître de dispenser la présence à l'étant, comment ne pas comprendre par là qu'il est maître de la présence, qu'il la fait apparaître ? Mais, inversement, si une telle maîtrise ne lui appartient pas ou ne lui appartient pas totalement, quelle est sa propre place dans l'économie de la présence ? En quoi sa médiation (et qu'est-ce que cette médiation ?) modifie-t-elle ou signifie-t-elle la part de présence, la manière de s'insérer dans la présence qui, par celle-ci, seraient dévolues aux étants pour les faire être ce qu'ils sont ? » (A. De Walhens, *Chemins et impasses de l'ontologie heideggerienne*, Nauwelaerts & Desclée de Brouwer, 1953, pp. 50-52).

192 M. Heidegger, *Lettre sur l'humanisme*, *op. cit.*, p. 37.

on le voit, ne revendique l'homme que pour le maintenir dans cette essence. Il en résulte, comme on vient de le voir, un appauvrissement de l'essence de l'homme au seul profit de la révélabilité de l'être (*die Offenbarkeit des Seins*).

De fait, cette pensée de l'humanité de l'homme risque, semble-t-il, d'être handicapée par le cercle vicieux dans lequel Heidegger l'insère entièrement pour la soustraire à l'hégémonie de la pensée représentative. Car, une des dimensions essentielles de l'homme se décante particulièrement dans le rapport qu'il maintient avec l'altérité qui l'environne : « Pour notre part, il nous semble que la philosophie heideggerienne méconnaît en effet le problème du véritablement autre »[193]. Contre les prétentions totalisantes de l'ontologie[194], l'on invoque l'irréductibilité de la dimension de l'Autre. Sous l'hégémonie de cet « ontocentrisme », la pensée de l'être serait incapable de reconnaître l'Autre, c'est-à-dire la primauté de la justice et de sa transcendance.

Puissamment influencé par Nietzsche, auquel il consacre nombre d'études[195], Heidegger exprime envers les présocratiques une sympathie sans bornes[196]. Dans son retour en amont à la métaphysique[197], retour qui ne saurait d'ailleurs s'effectuer qu'au sein de la métaphysique, la pensée heideggerienne s'amarre à la pensée parcellaire de ces penseurs de l'aurore comme à son origine préférée et sa source d'inspiration la plus féconde. Cette option trahit une certaine méfiance à l'égard de la philosophie

---

193 R. Guilead, *Être et liberté. Une étude sur le dernier Heidegger*, Nauwelaerts, 1964, p. 175. En analysant la notion de vérité (semestre d'hiver 1925-1926), Heidegger esquisse déjà la notion du *Mitsein* consignée et développée dans *Être et temps*. La seule percée qu'il ouvre dans ce cours préparatoire consiste à spécifier l'être d'autrui et à le distinguer de l'être d'une chose : « L'être en rapport avec autrui est certes autre chose que l'être en rapport avec une chose ; l'autre est lui-même *Dasein* » (M. Heidegger, *Logik. Die Frage nach der Wahrheit*, *GA* 21, Frankfurt, Klostermann, 1976, p. 235).

194 Voir M. Heidegger, *Lettre sur l'humanisme*, *op. cit.*, pp. 30-31.

195 La *Gesamtausgabe* réunit en 10 volumes l'ensemble des études, cours et conférences que Heidegger consacra au philosophe du nihilisme (*GA* 6.1, *GA* 6.2, *GA* 43, *GA* 44, *GA* 46, *GA* 47, *GA* 48, *GA* 50, *GA* 67, *GA* 87). L'approfondissement de la pensée nietzschéenne coïncida avec les traumatismes de la guerre. À cette époque Heidegger s'efforçait, à l'université de Fribourg, d'interroger dans le corpus nietzschéen le fondement ontologique du nihilisme occidental.

196 M. Heidegger, *Lettre sur l'humanisme*, *op. cit.*, p. 35.

197 J.-F. Mattéi, « Le crépuscule de la philosophie », art. cit., p. 49.

postsocratique au sein de laquelle s'incarne le « moment où la pensée originelle est sur son déclin »[198]. En effet, cette attitude s'explique, chez Heidegger comme chez la plupart des philosophes et poètes qui se réclament de l'âge auroral de la pensée humaine, par l'absence du dogmatisme philosophique et la forte condensation de la pensée qui caractérisaient la production littéraire et sapientielle d'antan. Cela permet occasionnellement à ceux qui se trouvent en quête de l'Innommé, - et Heidegger en fut le plus illustre -, de se préoccuper presque exclusivement des précieuses révélations qui furent l'apanage de ces auteurs primitifs. C'est dire que la fertilité non exploitée des présocratiques a représenté aux yeux de Heidegger le théâtre privilégié pour l'exercice de son talent herméneutique et philologique.

Bien que Heidegger insiste, dans sa *Lettre*, sur le fait que sa pensée n'a nullement la « prétention de vouloir tout reprendre par le début et de déclarer fausse toute philosophie antérieure »[199], il affirme, à maintes reprises, que le dire de Parménide « n'est pas encore pensé aujourd'hui ; on peut mesurer par là ce qu'il en est du progrès en philosophie »[200]. Dans un autre endroit, il précise que « cette relation 'extatique' de l'essence de l'homme à la vérité de l'être (...) reste encore à penser avant toute autre chose, parce qu'elle est jusqu'ici demeurée celée à la philosophie »[201]. Ultimement, il croit qu' « il reste à penser pourquoi la question portant sur ce destin de l'être n'a jamais été posée et pourquoi elle ne pouvait être pensée ».[202] Une telle interrogation paraît tellement propre à la démarche heideggerienne qu'il devient impossible de la présupposer ailleurs. Autrement dit, il faut avoir déployé l'épreuve de l'être à la manière de Heidegger pour pouvoir s'interroger en ces termes sur le destin de l'être.

Dans toutes ces affirmations, Heidegger tend, en effet, à mésestimer toute la portée des philosophies qui ont précédé, et naturellement, préparé, l'éclosion de la pensée. Il leur intime de se juger devant la juridiction supérieure du tribunal de l'être lui-même, en vue de se disculper de l'intolérable crime qu'elles

---

198 M. Heidegger, *Lettre sur l'humanisme*, *op. cit.*, p. 35.
199 *Ibid.*, p. 95.
200 *Ibid.*, p. 89.
201 *Ibid.*, p. 83.
202 *Ibid.*, p. 71.

auraient perpétré en succombant à la tentation de la métaphysique : « Je ne puis voir dans cet enfermement de l'histoire antérieure de la pensée occidentale dans l'unité de 'la' métaphysique que la marque de l'esprit de vengeance auquel cette pensée invite pourtant à renoncer, en même temps qu'à la volonté de puissance dont ce dernier lui paraît inséparable. L'unité de 'la' métaphysique est une construction après coup de la pensée heideggerienne, destinée à justifier son propre labeur de pensée et le renoncement dont il voudrait qu'il ne soit plus un dépassement »[203]. En voulant révéler l'altérité absolue de l'être, Heidegger ne s'interdit guère de faire le procès de tous les philosophes qui, comme lui, se sont efforcés d'élucider la signification ultime de l'être : « Quel philosophe digne de ce nom n'a pas, avant lui (Heidegger), médité sur la métaphysique du chemin ? (...) Quel n'a pas cherché le 'sol' et le 'fond' ? (...) Quel n'a pas conçu sa tâche la plus propre comme un travail de la pensée sur elle-même et contre elle-même ? (...) Quel n'a pas opposé la pensée méditante à la pensée représentative ? »[204]. En fait, cette « destruction phénoménologique de l'ontologie », tâche que Heidegger s'est assignée en vue de remonter toute la pente métaphysique pour rejoindre le commencement de la pensée enfoui dans l'oubli, a dû imprimer au cheminement de sa pensée un mouvement d'indécision. Mouvement de perplexité qui s'est révélé dans l'hiatus chiasmatique entre une logique de continuité avec la pensée rationnelle et une logique de rupture avec cette même pensée. Le geste de destruction se place ainsi dans un lieu de tiraillement, de paradoxe, voire de non-appartenance.

Car, en dernière analyse, Heidegger opère une sélection arbitraire dans l'histoire de la philosophie occidentale. Il y choisit les auteurs qui se proposent de servir sa cause. Et il néglige tous les autres, qui forment une légion honorable au service de la vérité même de l'être. Leur seul tort aura été d'avoir voulu s'occuper davantage de l'étant que de l'être, davantage de l'homme parlant de l'être que de l'homme *parlé* par l'être, davantage de l'histoire réelle que du destin énigmatique de l'*Ereignis*.

---

203 P. Ricœur, *La métaphore vive*, *op. cit.*, pp. 395-396.

204 *Ibid.*, p. 396.

Si la pensée de l'être veut libérer l'homme de ses illusions de domination, elle ne pourra pas le priver de lui-même, c'est-à-dire de ce qui constitue le fond de son humanité. À savoir la conscience d'être et de vouloir demeurer un sujet responsable de son existence et de l'existence du monde. La pensée de l'être devra ainsi être examinée à partir de ses propres présupposés ontologiques[205]. Car, dans le nouveau champ inauguré par l'ontologie heideggerienne, il est impossible de reconnaître la présence de fondements éthiques susceptibles d'asseoir une telle responsabilité. Libérer l'homme et l'ouvrir à l'accueil des injonctions de l'être ne semble correspondre qu'à une exigence anthropologique minimale. Car la fenêtre de l'être sur le monde ne saurait être que l'homme lui-même. Aussi convient-il de replacer ce dernier dans la sphère de responsabilité qui honore le mieux sa dignité.

S'il est, en revanche, établi que la poésie contribue d'une manière hautement esthétique à l'avènement de la vérité[206], le recours au langage poétique ne devrait pas se substituer intégralement à l'argumentation rationnelle. Laquelle a pour objet la juste intelligence de l'enjeu fondamental de la vie. L'homme dépeint par l'imagination poétique demeure bel et bien un homme porteur d'un éminent pouvoir de discernement et d'une lourde responsabilité de convivialité interhumaine.

Nombre de philosophes contemporains critiquèrent l'anthropologie ontologique de Heidegger. Certains n'hésitèrent point à la taxer purement et simplement d'anti-humanisme[207]. Luc Ferry et Alain Renaut furent en France parmi les philosophes les plus hostiles à la destitution de l'individu[208]. La critique de la raison leur semble entièrement injustifiée[209]. Dans la mesure où la pensée

---

205 Sur les différentes questions adressées à cette pensée, voir Collectif, *Heidegger. Questions ouvertes*, Collège international de philosophie, Paris, Osiris, 1988.

206 Heidegger honore les poètes et leur réserve une admiration sans mesure, car il estime que leur parole rejoint de la manière la plus fidèle les révélations discrètes de l'être (voir M. Heidegger, *Zu Hölderlin. Griechenlandreisen*, *GA* 75, Frankfurt, Klostermann, 2000).

207 Cf. L. Ferry et A. Renaut, *La pensée 68. Essai sur l'anti-humanisme contemporain*, Paris, Gallimard, 1986.

208 Cf. L. Ferry et A. Renaut, *68-86. Itinéraires de l'individu*, Paris, Gallimard, 1987.

209 Cf. L. Ferry et A. Renaut, *Système et critique. Essai sur la critique de la raison dans la pensée contemporaine*, Bruxelles, Ousia, 1984.

de Heidegger occulte le statut primordial de l'homme[210], elle court le risque de s'invalider soi-même et de se transformer en une méditation poétique éthiquement irresponsable[211].

Mais au-delà d'une telle carence, il convient d'interroger Heidegger sur les raison de sa méfiance. Si le rationalisme moderne de l'*Aufklärung* a dû dégénérer en atrocités inhumaines, ce n'est certes pas en raison des défaillances propres à la rationalité. Ce sont plutôt les êtres humains, porteurs d'une fragilité intrinsèque, qui s'égarent et se corrompent. Or, le constat de la fragilité n'infirme point la quête de l'authenticité. Dresser la rationalité en ennemi juré de l'être revient à introduire au sein de l'être non seulement une déplorable dichotomie, mais aussi et surtout une cécité paralysante. Car la rationalité est le seul miroir où l'être puisse se saisir. Le priver d'une telle manifestation, c'est l'enfermer dans l'obscurité du néant. Si, en revanche, Heidegger tient à privilégier tel ou tel autre mode de rationalité, il peut en débattre pour défendre son point de vue. Ce faisant, il aura reconnu indirectement que la raison se décline de multiples manières. À l'instar de l'être, cette raison humaine s'exerce selon plusieurs modes de déploiement. Car l'humain est, en soi, le site d'une multitude d'épreuves. Il ne convient donc pas de destituer l'humain sous prétexte de vouloir réhabiliter l'être.

En outre, l'insistance sur la primauté de l'être risque d'induire la pensée en erreur. Car, l'humain fait aussi partie intégrante de l'être. Dès lors, il ne convient plus d'opérer une sorte de coupure ontologique et épistémologique entre l'être *ontologique* et l'être *humain*. En réalité, tout relève de l'être. L'être humain participe de l'être ontologique. Si, toutefois, la conscience critique de l'être humain se démarque de la consistance compacte et fermée de l'être ontologique, il ne faudra pas tenter d'évacuer cette conscience sous prétexte de vouloir la guérir. Il ne faudra pas, non plus, commettre l'intolérable hérésie d'attribuer à l'être ontologique une quelconque conscience. Heidegger ne peut personnaliser l'être ontologique pas

210 Cf. A. Renaut, « Qu'est-ce que l'homme ? Essai sur le chemin de pensée de Martin Heidegger », in *Man and World*, 1976, n° 9, pp. 3-44.

211 Cf. L. Ferry et A. Renaut, « La question de l'éthique après Heidegger », in Ph. Lacoue-Labarthe et J.-L. Nancy (éd.), *Les fins de l'homme à partir du travail de Jacques Derrida*, Galilée, 1981, pp. 23-44.

plus que Hegel ne peut prêter à l'esprit absolu une quelconque conscience.

En effet, l'être heideggerien semble doté d'une autonomie de dynamique et d'une volonté d'action propres à l'être humain. C'est alors que l'on doit interroger Heidegger sur les raisons d'un tel déplacement. Quelle garantie peut-on accorder à l'homme lorsque l'être ontologique le prive de son propre pouvoir de discernement ? Si l'être ontologique se substitue à l'être humain, quel type de garantie peut-il accorder à l'homme ? En vertu de quel pouvoir salutaire l'être ontologique serait-il moins agressif que l'être humain ?

Tout l'embarras de l'anthropologie heideggerienne tient dans ce glissement injustifié. Si tout relève de l'être, force est de permettre à l'être humain de mieux s'orienter au milieu de l'être. Orientation qui lui permettra de mieux investir ses facultés et énergies. Pour cela, l'on doit enfin admettre que la conscience humaine n'est pas fatalement le lieu d'un jugement offensif. En d'autres termes, cette conscience peut toujours mieux gérer le mystère de l'être, aussi bien de l'être humain que de l'être des choses. Si, par conséquent, elle doit assumer convenablement cette tâche, ce ne sera certainement pas en se privant soi-même de son pouvoir de discernement. Une anthropologie ontologique soucieuse de l'être humain et de l'être des choses se doit donc d'offrir à ces deux réalités une meilleure chance de complicité. Elle se doit aussi de faire confiance à l'être humain en lui proposant de gérer dans le respect et la reconnaissance l'immense déploiement de l'être au sein de l'inépuisable ouverture du monde. Le débat public, le consensus éclairé et les lois justes accorderont à la cité humaine de pouvoir veiller à l'avènement de la vérité.

Chapitre quatrième

L'homme arabe
signe, vicaire et serviteur

1. Remarques méthodologiques et considérations contextuelles

Ce dernier chapitre n'entend nullement mener une recherche exhaustive au sujet de l'anthropologie arabe. Il se propose tout simplement de dessiner une image de l'homme qui ne se revendique point de la pensée de l'être, telle qu'elle a été appréhendée et investie par l'ontologie heideggerienne. Il est, cependant, évident que l'anthropologie arabe est foncièrement imprégnée de la vision coranique de l'homme, vision qui se réclame de la tradition monothéiste propre au judaïsme, au christianisme et à l'islam[212]. Or, la critique onto-théologique menée par Heidegger vise le fondement ultime de cette tradition. L'anthropologie arabe se sait, pour ainsi dire, affectée par cette critique. Il suffit donc de relever comme des virtualités d'interpellation inscrites dans le corpus heideggerien et indirectement adressées à la pensée métaphysique arabe[213]. La réplique arabe prendra à dessein la forme d'une présentation condensée de la figure religieuse de l'homme, le versant philosophique de la tradition anthropologique arabe étant instrinsèquement tributaire de la *Weltanschauung* coranique[214].

En outre, il ne s'agit pas de nier la valeur de l'une ou l'autre perception anthropologique. Il est plutôt question d'une confrontation indirecte qui permettra au lecteur de dégager lui-même les lieux de divergence. En dépit de l'appel formulé dans la première partie, appel adressé à la pensée arabe pour qu'elle se laisse interroger par les requêtes de la pensée de l'être,

---

212 Voir D. Masson, *Monothéisme coranique et monothéisme biblique. Doctrines Comparées*, Paris, Desclée de Brouwer, 1976.

213 La pensée philosophique arabe est responsable de la transmission de la métaphysique grecque au monde occidental médiéval (voir A. Badawi, *La transmission de la philosophie grecque au monde arabe*, Paris, Vrin, 1987).

214 Cf. J. Jomier, *Dieu et l'homme dans le Coran. L'aspect religieux de la nature humaine*, Paris, Cerf, 1996.

l'anthropologie ontologique ne saurait infirmer le bien-fondé de la *Weltanschauung* musulmane. Seule donc la réciprocité pourra soustraire une telle confrontation à l'injustice d'un rapport de totale domination unilatérale.

Deux impératifs m'amènent à aborder le problème de l'homme dans les deux traditions philosophique heidegerienne et religieuse arabe, et justifient en quelque sorte le choix de cette thématique pour la seconde partie de ma recherche. Le premier impératif concerne la situation exacte de l'homme. En effet, notre appréciation des valeurs d'une civilisation dépend étroitement de la place qu'occupe l'être humain dans un milieu donné et du rôle qu'on lui reconnaît. En d'autres termes, notre conception de la civilisation découle avant tout de notre conception de l'homme, et tout jugement porté sur une civilisation s'applique *a priori* à l'homme lui-même. Si la civilisation occidentale se reconnaît partiellement marquée par l'héritage philosophique de Heidegger, et que la civilisation arabe s'appuie sur la tradition religieuse de la pensée musulmane[215], toute rencontre entre les deux civilisations se doit d'élucider les fondements et les présupposés des deux visions de l'homme.

Quant au second impératif, il concerne les rapports qui se tissent actuellement entre le monde arabe et le monde occidental. Ce dernier, sans exclure l'impact de la transmission arabe médiévale du patrimoine philosophique grec, se trouve principalement marqué par la double pensée gréco-romaine et judéo-chrétienne. Les divergences et les convergences qui se déploient entre les deux visions du monde se réclament d'un lieu initial que je nomme la perception différenciée de l'identité de l'homme. L'analyse de cette perception nous permettra de comprendre comment se définissent et se justifient les différences et les affinités socio-culturelles entre les sociétés occidentales et les sociétés arabo-musulmanes.

Cela dit, l'approche s'articule autour de deux axes complémentaires : un axe d'exploration textuelle, et un axe de réflexion philosophique. Dans le premier axe, la recherche

---

215 D. et J. Sourdel, *La civilisation de l'islam classique*, Paris, Arthaud, 1983 ; J. Burlot, *La civilisation islamique*, Paris, Hachette, 1982 ; A. Miquel, *L'islam et sa civilisation*, Paris, Armand Colin, 1982.

s'applique à présenter brièvement les paroles fondamentales transmises par la tradition musulmane. Lesquelles paroles se concentrent principalement sur des images et des concepts qui ont trait à l'explicitation religieuse de l'identité de l'homme. Le second axe, quant à lui, gravitera à dessein autour d'une réflexion philosophique qui entend rendre compte globalement de l'ensemble des tentatives de lecture et d'interprétation qui ont été menées en vue de construire théoriquement l'identité de l'homme en référence à ces paroles coraniques initiales. Dans le prolongement de cette investigation s'inscrit une brève synthèse visant à dégager la portée des ressemblances et des dissemblances qu'il y a légitimement lieu de repérer entre les deux univers de pensée.

Une telle recherche se heurte, bien évidemment, à un ensemble de défis qui relèvent plutôt de la nature propre à ce type d'investigation. Le premier défi est celui des limites du comparatisme interculturel[216]. Le comparatisme évoqué et pratiqué par d'innombrables colloques et cercles de spécialistes n'est certes pas inutile ; mais une comparaison mécaniste entre des concepts produits par des dynamiques et dans des environnements historiques entièrement différents n'a qu'une portée très relative. D'où la nécessité d'une vigilance conceptuelle constante, garant d'une meilleure intelligence du système de pensée qui prévaut dans les deux univers.

Le deuxième défi a trait à l'herméneutique du texte sacré[217]. En islam, la volonté de Dieu, telle qu'elle a été dictée dans le Coran, peut et doit faire l'objet d'une méditation d'appropriation de la part du croyant musulman. Même si elle est représentée comme d'essence céleste, la loi de Dieu n'en est pas moins, pour une bonne part, le résultat d'une médiation parfaitement humaine. Excepté un nombre limité de commandements explicites, cette loi requiert l'interprétation de juristes qui ne peuvent qu'être en communication avec l'environnement qui sollicite leur compétence. Or, si les techniques d'exégèse sont recensées et codifiées, la teneur philosophique de cette perpétuelle médiation

---

216 F. Dunand (éd.), *Le comparatisme en histoire des religions*, « Patrimoines », Paris, Cerf, 1997. Voir aussi M. Détienne, *Comparer l'incomparable*, Paris, Seuil, 2000.

217 C. Gilliot, *Exégèse, langue et théologie en islam*, Vrin, Paris, 1990.

laisse place à un vaste espace d'initiative. Dans la mesure où ils s'efforcent d'adapter le donné révélé aux exigences du temps[218], il s'agit concrètement d'évaluer le degré d'historicisation que les interprètes acceptent d'introduire dans leur relation au noyau invariant du dogme musulman.

Dans le prolongement de ces considérations se profile le troisième défi qui se rapporte à l'impact des conditions socio-politiques et socio-culturelles sur la compréhension du texte coranique. Si la vision anthropologique du Coran s'est déposée dans quelques références textuelles explicites, l'œuvre d'interprétation et d'appropriation en demeure une tâche infinie. En d'autres termes, l'exégèse des versets du Coran, c'est-à-dire l'idéal auquel s'identifient plus ou moins étroitement les musulmans, ne devrait pas se substituer à l'analyse socio-économique et socio-historique qui seule permet d'expliquer les attitudes des individus et des sociétés dans des contextes politiques déterminés. Car il est plus facile d'étudier un islam intemporel et intangible que la multitude des modes d'adhésion, d'assimilation et de mise en œuvre. C'est pourquoi l'on peut dire que les lois qui régissent la conduite de l'*Homo orientalis* sont inscrites dans les manuels de sociologie politique bien plus que dans les livres sacrés[219].

Le quatrième et dernier défi se laisse saisir dans l'embarras qu'engendre l'impact de la déformation islamiste de la vision coranique de l'homme[220]. Il s'agit, en réalité, de savoir si c'est la montée de l'islamisme qui freine la vivacité interprétative de la raison herméneutique musulmane, ou bien si c'est la raison herméneutique musulmane elle-même qui, à présent, accuse des traits de léthargie pathologique et d'immobilité structurelle.

Certes, certains versets coraniques datant de la période mecquoise défendent une vision ouverte et prometteuse de l'homme. Certes, les dangers qui guettaient la communauté naissante pendant la période médinoise modifia la teneur de ces versets et les infléchit dans le sens d'un grave endurcissement.

218 Fr. Burgat, *L'islamisme en face*, Paris, La Découverte, 2002, p. 93.

219 Fr. Burgat, *L'islamisme en face*, *op. cit.*, p. 19.

220 F. Zakariya, *Laïcité et islamisme. Les Arabes à l'heure du choix*, Paris-Le Caire, La Découverte-Al Fikr, 1991 ; O. Roy, *L'échec de l'islam politique*, Paris, Seuil, 1992.

Certes aussi, le pouvoir politique du califat décadent contribua à la paralysie de la raison herméneutique et aggrava le risque de déformation de la médiation intellectuelle assujettie au pouvoir politique. Cependant, la totalité de ces facteurs ne doivent pas expliquer l'intégralité de ce phénomène de paresse herméneutique. Au cœur de la vision anthropologique musulmane s'inscrit, en fait, une dimension de soumission et d'abandon à la volonté divine. Dimension qui limite l'activité de la subjectivité individuelle et libre. La longue et turbulente histoire de la pensée musulmane montre les apories d'une telle limitation. La réaction islamiste vient prouver que, par-delà les tensions socio-politiques du monde musulman, la raison herméneutique musulmane souffre de graves problèmes de légitimation rationnelle.

2. Le fondement coranique de l'anthropologie arabe

L'on s'accorde pour dire que le statut de l'homme dans l'islam conditionne foncièrement la conception anthropologique de la pensée arabe. Les questions et investigations que cette dernière n'a cessé de formuler sont tributaires des présupposés inscrits dans le système de référence et de justification qu'instaure la foi coranique. Or, dans le Coran, l'homme apprend que tout vient de Dieu et que rien ne s'explique sans Dieu[221]. L'univers porte en lui un message qui s'offre sans cesse à l'instruction de la raison humaine en vue de l'élever vers la reconnaissance de la transcendance absolue de Dieu.

Avant tout, l'homme doit donc reconnaître l'absolue maîtrise de Dieu sur l'univers. L'autorité divine doit être évidente ; et l'homme n'a qu'à s'y soumettre s'il veut accéder au vrai bonheur : « Et lorsque ton Seigneur tira des reins des fils d'Adam leur descendance et qu'il les fit témoigner en s'engageant 'Ne suis-je pas votre Seigneur ?' – 'Oui, certainement, dirent-ils, nous l'attestons !'. Et cela pour que vous ne disiez pas au jour de la Résurrection,

221 Tout ce qui est dans l'univers est porteur d'un signe à déchiffrer : « Dans chaque phénomène, depuis les phases des astres jusqu'aux actes libres des hommes, il y a un signe énigmatique de Dieu à déchiffrer, dont le texte du Qoran nous fournit le *mot clef* » (L. Massignon, *Examen du « Présent de l'homme lettré »*, Rome, PISAI, 1992, p. 67.

nous n'y avons pas prêté attention »[222]. Grâce à la « magie divine »[223] du Coran, le croyant acquiert la certitude de sa foi et de sa soumission à la parole révélée. Laquelle parole décrète la seigneurie de Dieu. Un pacte initial a été conclu avec l'homme en vertu duquel ce dernier professera l'unité ou l'unicité divine et obéira à la volonté du Maître de l'univers.

Ainsi le décret de la volonté divine établit-il l'homme comme un ensemble d'accidents ou de signes, sans référence aucune à une notion de substance. L'homme est qualifié de « versatile »[224] ; c'est un être « créé faible »[225] et « fait d'argile »[226]. Mais Dieu insuffle son esprit en cette « boue malléable »[227]. C'est pourquoi l'homme a été « créé puis modelé harmonieusement, composé dans la forme que Dieu a voulue »[228], c'est-à-dire la « forme parfaite » (*aḫsan taqwîm*).

La révélation coranique n'instaure pas un plan de divinisation, mais prolonge seulement le moment de création, et conditionne le moment de direction ou de guidance de l'humanité. L'homme coranique est donc un être créé, dépendant d'une autre volonté que la sienne, soumis à un autre pouvoir que le sien. Cependant, au cœur de la nature humaine, Dieu a semé une disposition, une inclination à la foi. C'est la *fiṯra* que Dieu a inscrite dans le tréfonds même de l'être humain : « Fais face aux obligations de la religion, en monothéisme pur, et suivant la nature (*fiṯra*) que Dieu a donnée aux hommes en les créant. Nulle modification à la religion de Dieu ! C'est la religion droite, mais la plupart des hommes ne le savent pas »[229]. Cette nature n'a rien à voir avec la substance de la métaphysique grecque. Il s'agit, bien plutôt, d'une « nature » créée et constamment soutenue par Dieu, portant immanquablement l'empreinte de son créateur et « ontologiquement » tournée vers lui. D'aucuns parlent de la « nature primordiale de l'homme, nature qu'il porte au profond de son âme »[230], et qui le prédispose à se soumettre « naturellement » à la volonté de son créateur.

---

222 Coran 7, 172.
223 Seyyed H. Nasr, *Islam, perspectives et réalités*, Paris, Buchet-Chastel, 1975, p. 63.
224 Coran 70, 19.
225 Coran 4, 28.
226 Coran 6, 2.
227 Coran 15, 28.
228 Coran 82, 7.
229 Coran 30, 30.
230 Seyyed H. Nasr, *Islam, perspectives et réalités*, *op. cit.*, p. 19.

Tout être humain, quelle que soit son insertion géo-ethnique et socio-culturelle, porte en lui ce désir de Dieu, et se trouve par conséquent virtuellement en état d'islam, c'est-à-dire en état de soumission à la volonté de Dieu. L'islam est donc la religion universelle de l'humanité. Même les êtres inanimés se soumettent à la seigneurie divine : « Venez de gré ou de force » ; le ciel et la terre répondirent : « Nous venons en obéissant »[231]. Tout l'univers pose ainsi un acte d'obéissance et de soumission. L'homme lui-même semble pouvoir adhérer librement au désir de sa propre nature.

Enfin, Dieu confie à l'homme un dépôt, une responsabilité, une mission : « Nous avons offert le dépôt aux cieux, à la terre ou aux montagnes qui ont refusé de le porter. Ils se sont effrayés. L'homme l'a pris sur lui ; c'est un être très injuste et ignorant »[232]. Ce dépôt, c'est la condition humaine elle-même, marquée par la misère et la grandeur de l'homme. Dieu propose à l'homme de s'assumer effectivement, c'est-à-dire d'assumer sa nature humaine. Mais s'il le chrage de cette responsabilité, c'est pour que l'homme retrouve lui-même la voie de la foi et de la justice ; car sa nature l'y incline.

L'homme occupe une place intermédiaire entre le règne de la matière et le règne de l'Esprit. Dans le Coran, Dieu dévoile aux anges le plan de sa création : « Je vais créer un mortel d'une argile extraite d'une boue malléable. Après que je l'aurai harmonieusement formé, et que j'aurai insufflé en lui de mon esprit, tombez prosternés devant lui. Tous les anges se prosternèrent ensemble, à l'exception d'Iblis qui refusa de se prosterner »[233]. Cependant, les anges protestent contre les prérogatives généreusement accordées à l'être humain : « Lorsque ton Seigneur dit aux anges : 'Je vais établir un lieutenant (*khalîfa*) sur la terre », ils dirent : 'Vas-tu établir quelqu'un qui fera le mal et qui répandra le sang, tandis que nous célébrons tes louanges en te glorifiant et que nous proclamons ta sainteté ?' Le Seigneur dit : 'Je sais ce que vous ne savez pas' »[234]. Selon la vision coranique, l'homme a donc été façonné de boue croupie, mais Dieu lui a insufflé de son Esprit. Il lui a appris les noms, c'est-à-dire les

231 Coran 41, 11.
232 Coran 33, 72.
233 Coran 15, 28-31.
234 Coran 2, 30.

fondements de la science[235]. Il est, pour ainsi dire, supérieur aux anges qui, malgré leur pure spiritualité et leur fidélité dans l'adoration, doivent se prosterner devant lui. Tenté par le démon, il est chassé du jardin, mais Dieu s'attendrit et le purifie de tout péché originel, dont la notion n'existe pas en islam. En somme, il s'agit d'un être faible, versatile et ingrat, que Dieu comble de bienfaits[236]. Il se fait lui-même du mal et ne sait comprendre les signes que Dieu lui donne à entendre.

3. Le sens d'une identité dérivée

En islam, l'être humain se définit essentiellement comme « témoin de Dieu », signe de sa volonté et vicaire de son pouvoir. En vertu du pacte originel conclu avec l'homme (nommé aussi « covenant »), Dieu lui accorde le pouvoir de le reconnaître en tant qu'unique créateur et maître de l'univers. Du fait qu'il est un être créé, signe qui porte en lui la preuve de la présence divine, l'homme dispose d'un pouvoir exceptionnel. Tout ce qu'il y a sur terre a été créé pour lui. En lui donnant le pouvoir de nommer les êtres, Dieu le fait dépositaire de la création, l'instituant comme auxiliaire dans la mise en ordre du chaos. Il le fait ainsi dépositaire de certaines paroles, l'investissant d'une responsabilité à l'égard de la création.

Or, cette notion de pacte conclu entre Dieu et l'homme régit l'ensemble des rapports que l'homme noue soit avec Dieu, soit avec l'homme, soit avec la nature. Si Dieu institue l'homme en tant que son vicaire, son lieutenant ou mandataire, c'est justement pour l'habiliter à prendre en charge la création. Loin donc d'établir une

---

235 Le plus grand des dons que Dieu a accordés à l'être humain est de lui avoir révélé les noms de tous les êtres : « Il enseigna à Adam le nom de tous les êtres, puis il les présenta aux anges en disant : 'Faites-moi connaître leurs noms, si vous êtes véridiques'. Ils dirent : 'Gloire à toi ! Nous ne savons rien en dehors de ce que tu nous a enseigné ; tu es, en vérité, celui qui sait tout, le Sage'. Il dit : 'Ô Adam ! Fais-leur connaître les noms de ces êtres !' Quand Adam en eut instruit les anges, le Seigneur dit : 'Ne vous avais-je pas avertis ?' » (Coran 2, 31-33).

236 Parce que l'homme a accepté le « dépôt » de la responsabilité, Dieu le comble de bienfaits : « Nous avons ennobli les fils d'Adam (...). Nous leur avons accordé des nourritures excellentes ; nous leur avons donné la préférence sur beaucoup de ceux que nous avons créés » (Coran 17, 70).

certaine forme de « continuité » qui serait davantage proche de la notion biblique de ressemblance, l'identité de vicaire implique plutôt un champ de collaboration entre la Raison divine et la raison humaine, créée capable de discernement et de jugement.

Mais en dépit de cette confiance divine placée exclusivement en l'homme, Dieu continue de diriger lui-même les destinées en maître absolu. Tout se trouve dans la dépendance du vouloir créateur. L'homme n'est exclusivement ni seigneur, ni serviteur. Serviteur de Dieu et seigneur du monde, calife et lieutenant, l'homme s'efface en son rôle de signe, de témoin et d'instrument. Et la seule attitude digne de la vocation humaine est celle de l'abandon et de la patience. La gestion de la création ne doit nullement contredire ou enfreindre l'ordre établi par la volonté divine. L'homme n'est donc point sollicité au mépris des choses et des étants. Il doit être capable de les connaître et d'en saisir le sens et la vocation. La vérité des choses se trouve inscrite au cœur même de leur être. La responsabilité de l'homme consistera donc à exhumer cette vérité et à l'honorer par ses actions.

Cela étant posé, il est évident que l'être humain, perçu dans l'optique de l'anthropologie coranique, n'a aucune consistance autonome en lui-même. Son être dérive d'une volonté transcendante. Son existence est sans cesse tributaire d'une parole qui lui vient d'un autre lieu. Ce qui entraîne une totale dépendance et une indéniable soumission. La notion même de raison reçoit en islam une nouvelle signification qui s'oppose à l'acception grecque du terme. En vertu de son étymologie (raisonner signifie en arabe lier)[237], la raison humaine est le lieu où se tissent les rapports de dépendance humaine envers Dieu. Même l'humanisme arabe contemporain[238] estime que la figure coranique de l'homme est celle qui convient le mieux à la dignité humaine, car elle recueille en elle-même l'ouverture spontanée à la présence divine. Cette

---

237 La conception musulmane de la raison laisse entendre qu'il s'agit d'une qualité substantielle inscrite au plus profond de l'être humain. Tandis que le concept latin *ratio* désigne la faculté de compter et exprime l'idée de calcul, le terme arabe renvoie à l'esprit, à l'intellect et même au cœur ; il renvoie au *religare* latin qui traduit le sens relationnel qui place l'homme dans une prédisposition naturelle de relation avec Dieu. Heidegger estime, quant à lui, que le logos grec ne favorise guère l'avènement de la vérité de l'être (M. Heidegger, *Platon : Sophistes*, *GA 19*, Frankfurt, Klostermann, 1991, p. 182).

238 M. A. Lahbabi, *Le personnalisme musulman*, Paris, PUF, 1967.

présence constante du divin, qui amplifie le caractère dérivé de la nature humaine, concourt au dépassement des dualités factices introduites par la pensée occidentale entre le corps et l'esprit, l'individu et la société, la religion et la politique, etc... .

Il s'avère donc que la raison humaine se trouve entièrement orientée vers Dieu. D'où l'incapacité de l'*homo islamicus*[239] à se poser en individu autonome, libre et agissant uniquement en référence à sa propre subjectivité. En somme, l'existence humaine n'a de sens que dans la mesure où elle s'abandonne à la transcendance divine et se laisse façonner par la volonté de Dieu : « L'Homme au sens coranique du terme est la résultante de trois qualités strictes : obéissance, pondération et responsabilité. Pour les orthodoxes, l'Homme est d'abord rigueur dans l'exercice de sa religion : « Je n'ai créé les djinns et les hommes que pour qu'ils m'adorent » (Coran 52, 56). Ce faisant, une telle soumission ne limite pas l'Homme pour autant à sa simple condition biologique, ni ne le réduit à son déterminisme social, pas plus, du reste, qu'il n'est condamné à subir son fâcheux destin, invoquant telle ou telle fatalité. L'homme croyant assume cet état avec joie, éprouve une réelle émotion quand il prie Dieu »[240]. Une marge d'initiative est réservée à la volonté humaine. Mais à condition qu'elle soit conforme au vouloir divin. L'obérissance de la foi devient le critère fondamental d'une telle conformation.

L'anthropologie musulmane affranchit donc l'être humain de tous les déterminismes historiques pour le rattacher uniquement à son unique Dieu et Créateur. Un tel rattachement ne saurait être perçu comme un asservissement par une pensée qui considère que l'achèvement de l'être humain se réalise dans l'identification à l'idéal coranique. Cependant, tout un pan de la tradition mystique musulmane prône l'union entre l'homme et Dieu. Union qui permet à l'homme de s'élever au rang de la réelle participation aux énergies divines. Influencée par la mystique chrétienne, la vision anthropologique du soufisme musulman place la nature humaine dans une étroite proximité avec la présence divine. À telle enseigne que toute création doit être envisagée comme une autophanie de

239 M. Chebel, *L'islam et la raison. Le combat des idées*, Paris, Perrin, 2006, pp. 107-117.

240 M. Chebel, *L'islam et la raison*, *op. cit.*, p. 114.

l'énergie divine. Mais, en dépit de cette proximité, Dieu sauvegarde à l'homme la liberté de choisir le mode de son existence et le type d'expérience qui lui correspond. En réalité, Dieu contraint tout sauf les cœurs qu'il a décidés de laisser libres de l'aimer ou de se détourner de lui[241].

4. *Les lieux d'une véritable confrontation culturelle*

Dans cette dernière partie du quatrième chapitre il convient de repérer brièvement les lieux de convergence et de divergence qui se laissent déployer entre l'anthropologie heideggerienne et l'anthropologie arabe. Mais cette tâche s'annonce impraticable sans la médiation de l'anthropologie métaphysique occidentale tant critiquée et désapprouvée par Heidegger lui-même. Car cette dernière a marqué l'anthropologie arabe lors de l'assimilation philosophique arabe initiale de l'héritage grec. Même si les défenseurs de la pureté de la pensée religieuse musulmane récusent toute intrusion philosophique grecque dans la sphère propre de la culture arabe, l'influence de la rationalité grecque demeure suffisamment patente dans l'argumentation adoptée par les théologiens arabes du *kalâm*[242].

En effet, si la pensée religieuse musulmane naissante n'entendait pas se soumettre à la logique de la rationalité grecque, son mode de fonctionnement et les catégories qu'elle mobilisait trahissaient la même procédure d'arraisonnement du réel (*Gestell*). Procédure qui, selon la terminologie particulière de Heidegger, impose un mode d'intellection où la représentation conceptuelle appauvrit la dynamique des étants révélables. Ces derniers risquent de ne plus livrer spontanément leur message.

On est donc en présence d'un triptyque dont les panneaux portent des traits de similitude et des traits d'originalité. Des deux côtés figurent l'anthropologie arabe et l'anthropologie

---

241 G. Gobillot, « Une solution au problème de la prédestination en islam », in *Revue Philosophique de Louvain*, 2007, p. 575.

242 L'histoire de la pensée arabe fut profondément marquée par le conflit qui opposait les défenseurs de la pureté de l'intelligibilité coranique *sui generis*, et les promoteurs d'une intégration critique et dialectique de la rationalité grecque (voir M. Fakhry, *Histoire de la philosophie islamique*, Paris, Cerf, 1989).

heideggerienne, et au milieu se loge la métaphysique occidentale d'obédience philosophique grecque et médiévale.

Ce qu'il faut relever, de prime abord, c'est l'appartenance de l'humanisme arabe à la constellation de l'anthropologie religieuse monothéiste. En ce sens, l'on peut dire que l'humanisme musulman est proche des humanismes juif et chrétien. Si bien que certains voient en eux trois la base de toute la culture occidentale[243]. Toutefois, l'anthropologie arabe s'écarte des deux autres anthropologies par son insistance sur le statut particulier de l'homme comme vicaire de la volonté divine sur terre. L'abandon total du musulman et sa soumission à cette volonté constituent la substance même de son humanité. C'est justement ce trait fondamental qui peut servir de fil conducteur dans la démarche comparative que l'on instaure entre l'anthropologie heideggerienne et l'anthropologie arabe.

Mais avant d'engager la recherche sur cette voie, il convient de montrer la singularité de la *Weltanschauung* arabe par rapport à la rationalité occidentale héritière, selon Heidegger, de la métaphysique grecque. En réalité, toute la perception arabe de l'être se trouve conditionnée par la nature de l'attitude religieuse du musulman : « Peut-être plus qu'une doctrine, l'islam est une manière d'être, de se mouvoir, une esthétique des gestes, une religion de la convivialité »[244]. Or, cette manière d'être se caractérise par une attitude de soumission à la loi immortelle instaurée par la volonté divine. Ce qui compte, en dernière instance, c'est principalement l'acte existentiel de foi et de confiance que l'homme pose en choisissant sa voie et son style de vie.

Dès lors, la raison arabe possède une connotation éthique, car elle interdit et délimite en même temps le champ de l'action humaine. C'est un instrument qui sert à évaluer la bonne conduite. Le raisonnable dans le lexique arabe, c'est le moralement sage. En

---

243 R. Arnaldez, *À la croisée des trois monothéismes. Une communauté de pensée au Moyen Âge*, Paris, Albin Michel, 1993. Voir aussi M. Arkoun, *Pour une critique de la raison islamique*, Paris, Maisonneuve et Larose, 1984 ; A. Laroui, *Islam et modernité*, Paris, La Découverte, 1987.

244 S. Zeghidour, *La vie quotidienne à la Mecque de Mahomet à nos jours*, Paris, Hachette, 1989, p. 182. Voir aussi S. Zeghidour, *L'islam*, Paris, Desclée de Brouwer, 1990, *passim*.

vertu de sa vocation religieuse, la raison arabe médite la nature pour y découvrir les traces de la volonté de Dieu. Tandis que la raison occidentale propre à la rationalité moderne médite la nature pour l'analyser et la maîtriser. Si tel est le cas, il n'est pas vain de s'interroger sur les raisons anthropologiques profondes qui ont conduit la culture arabe à privilégier la connaissance rhétorique (fondée sur les ressources de la langue arabe) et la connaissance théosophique (fondée sur le pouvoir de l'intuition illuminée par la présence divine), et ce, au détriment de la connaissance rationnelle (fondée, elle, sur l'argumentation et le raisonnement). Bref, dans le rationalisme arabe, le savoir se fonde sur l'éthique ; dans le rationalisme occidental, l'éthique se fonde sur le savoir[245].

Toute la perception arabe de l'homme se revendique, pour ainsi dire, de cet arrière-fond religieux où l'attitude fondamentale de l'homme arabe se trouve régie par trois vertus capitales, à savoir la soumission (*islâm*), la foi (*imân*), et la bienfaisance (*ihsân*). L'être humain n'est perçu que dans le contexte déterminant de son rapport à la parole divine. À telle enseigne que l'individu décidant et votant de son propre chef n'existe pas en islam : « Ainsi, en islam, la contestation philosophique prend tout son sens à condition de respecter le primat de la *doxa* religieuse et du dogme, en raison de leur sacralité. Le concept philosophique de personne (*chakhs*) ne s'est jamais transmué en son équivalent politique occidental, l'individu (*insân*, *fard*), et on ne trouvera pas en islam de mot pour dire sujet politique ou citoyen, une carence sémantique qui en dit long »[246]. D'où la place prépondérante de la communauté (*umma*) qui garantit aux individus la pertinence de leur choix et la droiture de leur comportement. La raison musulmane est, par conséuqent, une raison collective ou bien une raison communautaire. Même si l'islam chiite défend l'idée de l'imam infaillible, l'islam, en général, accorde à la communauté un statut privilégié d'unique instance herméneutique infaillible.

De ce fait, la société musulmane se perçoit elle-même comme *umma* et s'organise de manière à permettre à chaque croyant de disposer d'une égale responsabilité de témoignage au regard de Dieu. L'authenticité de ce témoignage relève, pourtant, du

245 H. Djait, *La personnalité et le devenir arabo-islamiques*, Paris, Seuil, 1974.
246 M. Chebel, *L'islam et la raison*, *op. cit.*, p. 114.

jugement concerté (*chûrâ*) des *sages* (théologiens et juristes) de la communauté. Dans la mesure où la communauté se présente comme unité dogmatique par le Coran, et aussi comme unité juridique et socio-politique, elle ne cesse point d'être communauté des croyants prônant la primauté du communautaire sur l'individuel.

De ce mode de fonctionnement qualifié d'égalitaire découle une autre caractéristique qui fait de la société musulmane une société non cléricale. Mais l'absence de la composante cléricale ne signifie point qu'il s'agit d'un corps social intrinsèquement civil. Bien au contraire, la société musulmane demeure une société théocratique[247], car chaque individu porte témoignage de l'homme devant Dieu en se référant et se conformant à un système de valeurs révélé par Dieu et imposé à l'ensemble de l'humanité. Il s'agit donc d'une société théocratique égalitaire et non cléricale.

Toutefois, la vie humaine tout entière se trouve polarisée par Dieu. La loi naturelle est inexistante, car la seule loi vient de Dieu. En outre, les obligations fondamentales de l'islam sont indissolublement individuelles et communautaires. Cela signifie que les domaines de la vie individuelle et collective sont régis par des principes éthiques et religieux. En tant qu'origine, référence et juge de tout, Dieu demeure l'unique législateur de l'existence

---

247 Ici se pose de manière incisive la question de la démocratie en islam. Mais cette question ne saurait être traitée sans le concours d'une analyse socio-économique et socio-politique des sociétés musulmanes, le facteur typiquement culturel étant nécessairement conditionné par le contexte global de la société. La recherche doit donc tenir compte simultanément d'une double question : la question d'une éventuelle compatibilité des essences culturelles, et la question d'une réelle interférence des conditions socio-culturelles et socio-politiques : « Une fois épuisée la problématique de la compatibilité des essences islamique et démocratique et l'inventaire des discours des acteurs, l'analyse doit inévitablement se concentrer sur les conditions sociopolitiques concrètes, variables dans le temps et dans l'espace, dans lesquelles évoluent ces acteurs. Il s'agit donc moins de savoir si l'islam est compatible avec la « démocratie », question à peu près complètement irréaliste, que de tenter de savoir si les sociétés arabes contemporaines (...) produits d'itinéraires historiques différenciés, ont atteint un seuil de développement politique tel que des conduites 'pluralistes', respectueuses des différences individuelles ou collectives, puissent y voir le jour et s'y développer dans des proportions plus significatives que cela n'a été le cas depuis la sortie de la tempête coloniale » (Fr. Burgat, *L'islamisme en face*, *op. cit.*, p. 207).

humaine. En d'autres termes, tout bien est propriété de Dieu. Et la loi de Dieu se déchiffre comme organisation des personnes, du temps et de l'espace. Voilà pourquoi l'islam est à la fois religion et société politique ; fidélité à la parole divine et engagement dans le temporel.

En présentant ainsi les implications de l'anthropologie arabe, l'on s'aperçoit mieux comment se répartissent les lieux de convergence et de divergence. Le statut de l'homme heidegerien s'apparente quelque peu à cette attitude fondamentale de soumission et d'abandon. Le berger de l'être se soumet aux injonctions de la vérité et s'abandonne à la voix qui en émane[248]. *Mutatis mutandis*, le vicaire de la volonté divine se soumet lui aussi aux prescriptions de cette volonté et s'abandonne aux mains du Transcendant. Cette même attitude se conjugue à une même mission éthique de déchiffrement et d'accompagnement. L'homme coranique déchiffre dans la parole de Dieu le message de vie et de sauvegarde de la création. L'homme heideggerien déchiffre dans la parole de l'être le message de salut qui lui enjoint de sauvegarder la terre et le ciel, les hommes et les dieux (*Geviert*).

Ainsi on pourrait imaginer une attitude révérentielle de la pensée qui servirait de modèle à toutes les modalités et prises de position. Néanmoins, l'amorce de convergence qui se dessine dans cette confrontation s'étiole dans le constat irrévocable de la différence fondamentale qui sépare le Transcendant divin en islam du Transcendant ontologique. Si la dynamique de dévoilement et de voilement peut accuser des traits d'affinité et de ressemblance dans les deux univers théologique et philosophique, la représentation de l'identité du premier Transcendant diffère substantiellement de la représentation de l'identité du second transcendant. Ce qui entraîne une autre différence au niveau de l'identité de l'homme.

---

248 L'être heideggerien est une dynamique de dévoilement et de voilement. Seul l'homme qui écoute peut laisser s'exprimer cette dynamique : « L'écoute est constitutive du parler. (...) Être à l'écoute de... c'est l'être-ouvert existential du Dasein en tant qu'être-avec tourné vers les autres. L'écoute constitue même l'ouverture primordiale et véritable du *Dasein* à son pouvoir-être le plus propre » (M. Heidegger, *Être et temps*, *op. cit.*, p. 210 ; *Sein und Zeit*, *op. cit.*, p. 217).

L'être humain créé par le Transcendant divin est un être investi d'une responsabilité éthique à l'égard de la création. Laquelle responsabilité implique une volonté humaine relativement libre et capable de poser des actes de gestion en référence à la loi divine. Dans le registre de l'anthropologie heideggerienne, la responsabilité de l'être revient à l'être lui-même, et tout acte de volonté humaine préméditée est soupçonné de connivence avec une volonté de puissance soucieuse d'accroître sa mainmise sur les choses et les étants.

Il s'ensuit que l'anthropologie ontologique de Heidegger verse dans une mystique de la quiétude et de l'attente. En outre, le salut ontologique s'opère en vertu d'un décret destinal que l'être seul est en mesure de promulguer. Le lieu de ce salut se déploie dans l'historicité de l'ek-sistence, c'est-à-dire dans les limites assignées à la finitude de la temporalité. Or, tous ces motifs de passivité et de retrait se trouvent aux antipodes de l'engagement religieux qui ordonne l'être humain à l'action. De constitution spirituelle, ce dernier est appelé à récolter le fruit de ses mérites dans un au-delà transhistorique et métatemporel. L'efficacité pragmatique de l'engagement devient, dès lors, le critère de discernement et de sélection de la communauté sauvée.

Il est donc évident que toute cette métaphysique théologique relative à la constitution spirituelle de l'être humain et à l'efficacité salutaire de ses actes volontaires, s'oppose diamétralement à la perception heideggerienne de la finitude ontologique et de l'ek-sistence temporelle. Sous-jacent à la métaphysique théologique de l'islam, le motif de l'immortalité surcharge la finitude ontologique d'une présomption injustifiée, aussi intrigante que périlleuse. Ce serait ainsi une entreprise stérile que de cultiver le motif de l'immortalité comme une fin en soi. Ou, ce qui pis est, de remplacer la finitude par une telle connivence insoutenable avec le Transcendant divin. Pourtant, la logique de la foi religieuse musulmane entend offrir une sortie de l'étroitesse de toute pensée de la finitude. Laquelle sortie implique une dissociation du rapport historial qui rattache à l'être tous les étants, et tout particulièrement l'étant humain.

Tandis que l'anthropologie heideggerienne considère l'homme dans son rapport constitutif au monde (mondanéité), au temps (temporalité) et à l'histoire (historicité), et l'insère dans le mouvement d'ouverture et de retrait de l'être, l'anthropologie religieuse musulmane relie l'homme à la volonté d'un être divin qui se situe en dehors du monde, du temps, de l'histoire et, ultimement, de l'être. Or, les deux termes clés dont se revendiquent ces deux anthropologies sont Dieu et être. Si la métaphysique onto-théologique s'est efforcée de les subsumer l'un dans l'autre, Heidegger, quant à lui, s'est obstiné à les dissocier pour mieux en faire ressortir les traits saillants. Mais à force de vouloir attribuer à l'être une totale liberté de décision et de mouvement, il a fini par le dessiner sous les traits d'un « Dieu » impersonnel et mystérieux. Cependant, si l'homme occidental, obnubilé par la métaphysique de l'emprise rationnelle, ne peut plus s'agenouiller devant le dieu de la dérive onto-théologique, l'homme de la réplique heideggerienne ne pourra pas s'adresser à l'être presque « divinisé », mais impersonnel, de la nouvelle onotologie. Alors que l'homme arabe reconnaîtra toujours dans le Dieu de la révélation coranique l'origine de son existence et la source de son bonheur. C'est un homme dont la vocation existentielle ultime consiste à entretenir un rapport personnel avec le principe même de la vie, avec cet être personnel dont la sagesse embrasse l'immensité de l'intelligible.

Il s'agit, somme toute, de deux anthropologies différentes dont l'entrecroisement possible ne dénote aucune convergence de fond. D'un côté, se dessine une anthropologie de confiance qui, en présence d'une transcendance divine, source de l'être visible et de l'être invisible, établit l'être humain dans une relation de fidélité et de soumission. De l'autre, se pose une anthropologie de soupçon qui, en vertu de l'événement énigmatique de l'être (*Ereignis*), propulse le *Dasein* dans la clairière d'un chemin qui ne mène nulle part. Là où l'inquiétude existentielle se résorbe dans la quiétude d'un acte de foi constitutif de l'humanité de l'homme, l'angoisse structurelle (existentiale) qui affecte la condition d'être du Dasein s'amplifie excessivement en regard de la seule possibilité réelle propre à la finitude humaine, à savoir la mort. L'anthropologie de la confiance risque une ouverture sur l'éternité qui se profile au-delà de la mort, tandis que l'anthropologie du soupçon ose une percée dans le mystère de la finitude qui se vérifie devant, ou mieux, en présence de la mort.

L'absence de convergence, néanmoins, n'anéantit pas les possibilités de rencontre, de confrontation et d'échange. Car seuls les étrangers peuvent se rencontrer en vérité et en profondeur. L'altérité n'est nullement un motif d'isolement. D'autant plus que les concepts de l'homme, de l'être et de Dieu ont toujours eu une grande part d'élasticité. La raison décivise de leur prise tenace sur l'imagination des hommes est le rapport vital qu'ils impliquent dans l'existence humaine concrète et dans le déroulement effectif de l'histoire. Si les deux anthropologies arabe (musulmane)[249] et heideggerienne entendent à l'unanimité remettre en question le statut privilégié de l'homme en le détrônant de sa majestueuse hégémonie, c'est certainement en raison d'une expérience dite « négative ». En islam, l'égarement de l'égocentrisme et l'idolâtrie de fausses divinités justifient le recours à un tel déplacement, car l'homme sans Dieu n'est qu'une créature faible et sans consistance. Pour Heidegger, la volonté de puissance et l'emprise inconditionnelle de la subjectivité incitent la pensée à se tourner vers l'être lui-même, sol ultime de toute épreuve et lieu authentique de l'avènement de toute vérité.

Toutefois, l'homme demeure l'être des lointains. Son mystère est d'autant plus intrigant que la parole ne cesse de trahir son embarras. Car l'homme seul parle. L'être et Dieu peuvent, si l'on y croit, susciter la parole. Or, en cette parole, se logent tous les périls. Au lieu de détrôner l'homme, il convient, dès lors, de lui aménager le site qui correspond à sa dignité d'être le seul dépositaire d'une conscience critique. Il s'agit donc d'examiner, en

---

249 Il n'est pas inutile de rappeler que l'anthropologie arabe dont il est question dans cette recherche se revendique essentiellement de la vision coranique de l'univers. Il existe aussi une autre anthropologie arabe qui se réclame de la vision chrétienne de l'univers. D'aucuns parlent aussi d'une anthropologie arabe laïque qui préconiserait une vision a-religieuse de l'homme arabe. Toujours est-il que la présente étude entend se limiter à l'anthropologie arabe d'obédience musulmane. C'est elle, en définitive, qui constitue l'élément représentatif de la majeure partie de la population arabe actuelle. Malgré leur passé prestigieux et leur contribution décisive à la renaissance arabe, les Chrétiens arabes ne représentent actuellement qu'une minorité politiquement marginalisée et culturellement traumatisée par sa double appartenance à la vision religieuse chrétienne et à la culture arabe ambiante. Représentant un cas à part, le christianisme libanais semble encore pouvoir militer en faveur d'un statut politique relativement autonome et d'un rôle culturel propre.

communauté planétaire, le sens d'une responsabilité humaine qui cherche à assumer en vérité la vocation d'une telle conscience. Ce faisant, le péril devient le lieu d'un réel salut pour l'humanité.

Épilogue de la deuxième partie

Unicité d'être, diversité d'épreuves

Nul ne conteste que la pensée de Heidegger soit d'une grande virtuosité, d'une grande richesse. Nul ne conteste, non plus, que cette tentative de rapprochement puisse se solder par l'embarras et l'inadéquation. Toutefois, il se trouvera toujours un curieux pour se demander s'il s'agit vraiment d'une pensée imperméable à la réciprocité. Auquel cas, toute démarche de mise en question et de vérification de la fécondité d'une telle pensée serait inappropriée. Seule la pensée émergeant de l'intérieur du pensable heideggerien serait ainsi investie de pertinence.

Or, la pensée arabe se déploie, en majeure partie, en dehors des limites posées par l'ontologie heideggerienne. Ses prétentions entendent concurrencer légitimement celles de la nouvelle pensée de l'être. Les deux anthropologies qui s'en réclament expriment l'une et l'autre une polarité. L'anthropologie arabe établit l'homme dans l'axe d'un rapport personnel de soumission, alors que l'anthropologie heideggerienne le fait graviter autour de l'anonymat mystérieux du verdict insondable de l'être.

Le mérite d'une telle confrontation aura été d'aborder ces deux anthropologies dans une optique de condensation synthétique qui se propose de mettre en évidence les pôles extrêmes de divergences entre lesquelles oscillent toute la gamme des positions possibles. Les deux figures de l'homme que les analyses, quelque peu ramassées et hâtives, ont fait saillir de façon abrupte, présentent un irréductible noyau de singularité. Ce dernier ne manque pas de polariser un certain nombre de positions philosophiques susceptibles d'être étayées par des herméneutiques fort divergentes ; lesquelles entendent revisiter et, partant, affecter réellement et la pensée arabe et la pensée heideggerienne.

Sans vouloir s'acharner à récupérer entre ces deux pôles de divergence des éléments de similitude, l'on doit toutefois se demander s'il ne s'agit pas là d'un même être humain éprouvé, pensé et exprimé de deux manières différentes. En voulant sauvegarder les différences légitimes qui séparent deux univers de pensée et deux conceptions du monde, la présente recherche entend s'achever sur une note critique. Elle se formule à dessein dans les termes d'un constat. Celui, justement, de l'unité fondamentale du thème et de la diversité inévitable de l'expérience. Le thème n'est rien d'autre que l'être humain lui-même, lieu de toutes les expériences et objet de toutes les investigations. L'expérience, quant à elle, se rapporte à la manière dont l'esprit humain, diversement actif dans les différentes cultures, entend décrire et la structure fondamentale de cet être et son vécu historique.

Dans cette optique, l'on doit reconnaître que les deux moments d'un tel constat entretiennent un rapport fortement dialectique. Car la manière de percevoir l'être humain conditionne le champ de son expérience historique ; et inversement, l'effet de cette dernière ne manquera point de rejaillir sur la perception déjà articulée. Il est donc impossible de discourir sur l'être humain sans lui adjoindre au préalable, et de manière quasi inconsciente, l'impact d'une épreuve historique déjà en cours. Faudra-t-il, dès lors, dire que l'humain est incontestablement le lieu de toutes les descriptions et de toutes les assignations ? Auquel cas, il faudrait impérativement limiter le champ du pensable légitime et du dicible pertinent. Ce qui conduit nécessairement l'investigation à la périlleuse contrée de la mesure éthique[250].

Des trois constellations anthropologique (homme), ontologique (être) et théologique (Dieu), laquelle serait la mieux disposée à livrer le secret de cette mesure ? Les deux anthropologies examinées, heideggerienne et arabe, semblent exclure l'homme de cette grave responsabilité. Cependant, l'on peut s'interroger sur la pertinence d'une telle exclusion. Dans leur raisonnement respectif, il y a incontestablement une brèche sérieuse qui va d'ailleurs toujours s'élargissant. Car, en dernière analyse, c'est l'homme lui-même qui vit et éprouve, pense et construit, exprime et énonce. Sa centralité concrète n'est plus à mettre en doute. Il va de soi donc que l'œuvre de l'homme dans ces trois domaines du « fait humain » représente le seul critère de référence. Le problème se posera, dès lors, au niveau du contenu auquel se rapportent ces trois activités

250 Dans son étude phénoménologique sur les critères de révélabilité du divin authentique, Jean-Luc Marion semble partager l'idée d'une « mesure sur terre » établie par le retrait discret et pourtant révélateur de Dieu lui-même (J.-L. Marion, *L'idole et la distance*, Paris, Le Livre de Poche, 1991, p. 118).

(le « vivre », le « penser », le « dire »)[251]. Suffit-il que l'homme pense à Dieu, à l'être ou à l'homme pour que ces trois contenus « noématiques » non seulement existent réellement en dehors de la sphère propre à la pensée individuelle ou collective, mais aussi et surtout s'offrent comme instances directrices de la pensée et de l'action humaines elles-mêmes ?

Contrairement à l'anthropologie ontologisante de Heidegger et à l'anthropologie théologisante de la pensée arabe, l'anthropologie « humanisante » se propose de maintenir la référence historique de l'être humain. La seule *époché* à laquelle ce dernier devrait recourir est celle qui devrait suspendre tout jugement méta-ontique sur la nature même de l'être, et tout jugement méta-physique sur la nature même de Dieu. La seule mesure d'authenticité qui devrait orienter son existence historique devrait être celle du respect absolu de l'altérité et de l'intersubjectivité. En vertu de ce « respect têtu », les contenus référentiels des différents vécus humains deviendront le lieu privilégié d'une esthétique spirituelle propre à la culture ambiante. Dans la mesure où cette esthétique spirituelle se réinsère dans l'épaisseur du donné humain, elle se transformera en un lieu privilégie de dialogue et d'échange. C'est à ce prix que le dialogue interculturel pourra sauver les humains de leurs propres fantasmes.

---

251 Dans ses derniers écrits, le philosophe libanais Paul Khoury (1921- ...) semble vouloir déployer une interrogation philosophique susceptible de montrer les apories d'une telle démarche de l'esprit (voir P. Khoury, *Le fait et le sens. Esquisse d'une philosophie de la déception*, « Ouverture philosophique », Paris, L'Harmattan, 2007 ; voir aussi P. Khoury, *Aporétique ou « Que sçay-je ? »*, Beyrouth, 2006).

Table des matières

L'HARMATTAN, ITALIA
Via Degli Artisti 15; 10124 Torino

L'HARMATTAN HONGRIE
Könyvesbolt ; Kossuth L. u. 14-16
1053 Budapest

L'HARMATTAN BURKINA FASO
Rue 15.167 Route du Pô Patte d'oie
12 BP 226 Ouagadougou 12
(00226) 76 59 79 86

ESPACE L'HARMATTAN KINSHASA
Faculté des Sciences sociales,
politiques et administratives
BP243, KIN XI
Université de Kinshasa

L'HARMATTAN CONGO
67, av. E. P. Lumumba
Bât. – Congo Pharmacie (Bib. Nat.)
BP2874 Brazzaville
harmattan.congo@yahoo.fr

L'HARMATTAN GUINEE
Almamya Rue KA 028, en face du restaurant Le Cèdre
OKB agency BP 3470 Conakry
(00224) 60 20 85 08
harmattanguinee@yahoo.fr

L'HARMATTAN CÔTE D'IVOIRE
M. Etien N'dah Ahmon
Résidence Karl / cité des arts
Abidjan-Cocody 03 BP 1588 Abidjan 03
(00225) 05 77 87 31

L'HARMATTAN MAURITANIE
Espace El Kettab du livre francophone
N° 472 avenue du Palais des Congrès
BP 316 Nouakchott
(00222) 63 25 980

L'HARMATTAN CAMEROUN
BP 11486
Face à la SNI, immeuble Don Bosco
Yaoundé
(00237) 99 76 61 66
harmattancam@yahoo.fr

L'HARMATTAN SENEGAL
« Villa Rose », rue de Diourbel X G, Point E
BP 45034 Dakar FANN
(00221) 33 825 98 58 / 77 242 25 08
senharmattan@gmail.com

655622 - Mai 2016
Achevé d'imprimer par